ちくま新書

キリスト教の真実

——西洋近代をもたらした宗教思想

竹下節子
Takeshita Setsuko

956

キリスト教の真実——西洋近代をもたらした宗教思想【目次】

まえがき

†なぜ「近代はキリスト教に根をもつ」ことが日本人にはわかりにくいのか

世界中がネットワークでつながっているグローバリゼーションと呼ばれる時代に私たちは生きている。日本はもう百年も前から「西洋先進国」の提供するアーキテクチャ（環境管理型権力）のなかでサバイバルし、経済的な発展と成長を目指す道を選択しつづけてきた。けれども、グローバリゼーションの枠組みとなるそのアーキテクチャが、「キリスト教」という特殊な一宗教を初期設定として進化してきた生態系であることを、日本人はほとんど意識していない。

グローバル化した現代がキリスト教に根をもつことを、私たち日本人がわかっていないとしても、それは仕方がないことだろう。なぜなら、西洋近代が形づくられるときに、近代以前にキリスト教が果たした役割は、西洋人みずからの手によって、意識的に無視され、糊塗され、隠蔽されてきたからだ。それが「近代」へ向かって進化するために必要なことだったからである。「近代の担い手」である新しい勢力（たとえば、プロテスタントをはじめとする反カトリック勢力）にとっては、それほどまでにキリスト教は「不都合」で「政治的公正」を欠くものであったのだ。

だから、日本人には「近代はキリスト教を根にもつ」ことがわかりいくい理由は、「非キリスト教国に住む日本人には、西洋近代のパラダイムを作ったキリスト教の要素が見えにくい」という単純なものではない。より本質的な理由は、近代以降、西洋キリスト教諸国によって書かれた「世界史＝西洋史」が、「反キリスト教」プロパガンダによってねじ曲げられているからなのである。換言すれば、「日本人はキリスト教になじみがないからその本質がわからない」のではなく、「反キリスト教」のバイアスのかかった「西洋史」を学んできたからわからないのである。

また、日本の時代的な背景も起因している。明治以来の日本が西洋近代のスタンダードを選択せざるを得なかった時代には、「和魂洋才」と称して西洋先進国の「ソフトウェア」のみを表層的に吸収してきた。したがって、西洋近代のスタンダードの基底にあり、ハードウェアには組み込まれているがスペックには絶対に記載されることのない巨大な宗教装置に注目する必要も機会もなかった。

†カトリックとプロテスタントの違い——相対主義の奈落

じつは、西洋近代のスタンダードに組み込まれたキリスト教の設計思想は、ローマ・カトリック教会に由来するものなのか、それともアングロ・サクソン系プロテスタントを経由したものなのかによって違いがある。この違いは、きわめて微妙であるため、「情報処理のリテラシー」が高くなければ、カトリックとプロテスタントのどちらのサーバを経由したのか、サーバの経路によってどういうバイアスがかかったのかがわからない。にもかかわらず、グローバル化された「国際社会」のなかで、裏に隠された意味を探る批判精神なしに、まったく機械的に「利用規約に同意」する署名をし続けているのだ。

それだけではない。二〇世紀末からグローバル化を加速した「国際社会」というアーキテクチャは、さまざまな顧客の要求や多様な端末に対応するために、「キリスト教を根にもつ西洋近代」というみずからの属性すら弱めて「ポストモダン」を掲げた。「ポストモダン」とは、近代的な社会制度における一元的な原理を批判し、種々多様な社会的な要求に対応するための制度のあり方を模索する文化的な傾向のことであるが、こうした「ポストモダン」の言説のなかでは、「キリスト教」でさえ、多様な世界のフォークロアであり、歴史上の「ワン・オブ・ゼム」なのである。

「ポストモダン」の文脈では、西洋近代が踏み台にしてきた、前近代におけるキリスト教勢力と反キリスト教勢力との緊張関係に眼差しを向けることはなく、キリスト教文化圏で生じた宗教的な葛藤を顧みることは少ない。こうした文化的な状況は、一見すると宗教的に「寛容」であるため、そこでは異端的なふるまいもある種の個性として相対主義的に理解され、「非キリスト教」文化への差別や偏見もついに克服されたかのように見えた。したがって、ポストモダン的な状況は、グローバリゼーションというアーキテクチャを所与とする国際社会に組み込まれた非キリスト教文化圏のエンドユーザーたちにとっては、かなり居心地のいいものだ。

だからこそ彼らは、相変わらず黙々と「利用規約」に同意をし続けながら、「どんなに特化しても、それは個性だ」と思い込んで、「個」から「孤」へと変貌しつつ、ポストモダンの相対主義の海にのみ込まれていくのである。

†本書のねらい

本書ではまず最初に、なぜキリスト教なしには「西洋近代」がスタートし得なかったのかを見ていく。つづいて、なぜ「西洋近代」は「キリスト教の否定」を必要としたのかについて解説し、「キリスト教」を否定するイデオロギーがいつ、どのようにして生まれたのかを考えてみる。この経緯を理解するためには、私たちが「世界史」で習った常識を捨てる必要があるだろう。あらかじめ誤解を招かないように言っておくが、わたしが言いたいのは、「反キリスト教」の方向に振り子が振れ過ぎた「西洋史」の偏りを正すことではないし、「実はキリスト教が正しかったのだ」「キリスト教が人類進歩の立役者だったのだ」と、ポジネガを逆転してキリスト教を「復権」させることでもない。本書の目的は、「近代西洋史観に意識的に持ち込まれた恣意的な二元論を否定すること」にある。

ただ一つの宗教が「人類の進歩」を担保することはないし、他のあらゆる人間の営みと同じように、宗教がその理念と矛盾することもあれば、単に便利なツールとして利用されることもある。環境に適応しながら進化していくこともあるだろう。あるひとりの人間は、生まれ育った環境と無関係に存在できず、他者との交流によって影響され、判断の誤りによる失敗体験や病気や事故による苦難から学び、刻一刻と変化する自分の心身状態や平衡状態に適応しながら、周りに何かを付け加えたり次の世代に何かを伝えたりという関係性のなかで生きるものである。その関係性を的確に把握できなければ、その人を生かす大きな流れを決して理解できない。

西洋近代というアーキテクチャがどのように生まれ、そのなかでキリスト教がどのように否定されていったのかを知ることで、私たちがいま生きている世界をより的確に考察できるだろう。「グローバルな社会」とは、多様で相対的なばらばらの集まりではない。ある方向性を持った誰かに初期設定をされ、巧妙な利用規約を用意されている社会なのだ。その事実を知らなければ、グローバル社会に何かを付け加えたり、自分と世界を動かしていくことなどできはしない。

第一章　ヘレニズム世界に近代の種をまいたキリスト教

†キリスト教はなぜ世界に広がったのか

日本人にとっては、「キリスト教＝欧米社会」というイメージが今でも根強く存在する。実際は、今のキリスト教は南米やアフリカにおいて最も発展しているのだが、欧米の帝国主義列強が日本に侵出してきた時代には、彼らの科学技術的、軍事的な優勢と、宣教師の積極的な活動とがセットになっていたからだろう。

けれども、キリスト教は、「欧米」とはまったくルーツを異にするパレスティナで生まれた。エジプトやバビロンへの移住を余儀なくされた流浪の過去を持つユダヤという弱小民族の、ローマ帝国の支配下にあった弱小国で処刑されたユダヤ人を「救世主（キリスト）」とする宗教だ。「救世主」が処刑されたのは、彼が、ユダヤ人のアイデンティティである民族宗教の既成の権威を脅かすと考えられたからだ。「救世主」の処刑によって、ローマ帝国の一辺境で生まれた新しい「普遍宗教」の芽は摘まれていても当然だった。

一方、ヨーロッパの揺籃の地であるギリシャ・ローマ世界には、すでに高度な文化や文明があった。神話や宗教もたくさんあったし、それを思想に構築した哲学も生まれ、科学的思考も生まれていた。法体系も発展していた。

そんな成熟したヘレニズム世界に、辺境民族から発生したキリスト教が席巻したのはなぜだろう。いや、ヘレニズム世界の最高の知性が、次々と、キリスト教を「選択」し、「採用」してしまったのはなぜだろう。

この章では、その不思議に迫るために、まず、ユダヤ民族のユダヤ教から生まれたキリスト教がどのような決定的な革新性を持っていたのかについて解説する。次に、「西洋のルーツ」であるとされているヘレニズム世界に生まれていた普遍主義や実証主義、科学主義などの実態や限界を探る。そのうえで、そのキリスト教が、ヘレニズム世界に根をおろして「西洋キリスト教」となり「西洋近代」を形成していく試行錯誤のメカニズムを眺めてみよう。

†「互いの愛」――ユダヤ教とキリスト教のちがい

キリスト教はユダヤ教という一神教から分派して生まれたものであり、両宗教には共通する部分もあるが、異なる点ももちろん存在する。ユダヤ教は「共同体の秩序維持」や「共同体構成者の苦しみの軽減」を目的に神の意向を尋ね、神と取り引きする仕組みを教義内にもっている。だが、ユダヤ教のそうした仕組みをキリスト教は捨ててしまい、「神と人とが共同作業を続ける」という感覚を補強した。これは二つの宗教にとって大きな違いである。

ユダヤ教とキリスト教の違いが生じた理由は、ユダヤ教においてはいわば究極の「上から目線」で人を裁いていた神が、自分の「独り子（＝ナザレのイエス）」を人間として地上に送りこみ、犠牲に捧げたことに由来する。この「神の子」は、上から目線どころか、最後には、抵抗もせず蔑められて殺されるという地上の生を通して、人間と神の関係をラディカルに変えた。

その「神であり人である」というイエスが残した「新しい掟」こそが、「互いに愛し合いなさい。わたしがあなたがたを愛したように、あなたがたも互いに愛し合いなさい」（ヨハネ一三―三四）というものである。「わたしがあなたがたを愛したように」という言葉が意味することは、この「神の子」が自分の迫害者も含めたすべての人を「救う」ためにみずからの命を捧げたように、ということである。もちろん、自己犠牲的行為の尊さを説く言葉は世界中にたくさんある。多くの文化において、家族のため、主君のため、共同体のために死ぬことは有徳の行為として讃えられている。けれども紀元一世紀のこの場所で、そこに「互いの愛」が持ち込まれたのは、画期的なことだった。

†普遍宗教とは何か

世界には二種類の宗教が存在する。ひとつは、氏神・先祖神といった地縁血縁に基づいた「神」を崇拝する「民族」宗教である。もうひとつは、地縁血縁を問わず、ある教義の信仰を表明することで救済を得られるという「普遍」宗教である。

一般的には、仏教、キリスト教、イスラム教が三大普遍宗教だといわれている。インド生まれの仏教には日本人でも帰依することができたし、パレスティナ生まれのキリスト教は西ヨーロッパにも広がったし、アラビア半島のイスラム教もイランやトルコやインドネシアにまで広がった。

もちろん普遍宗教といえども、長い歴史のなかでは状況によって為政者による支配のツールとなり、地域共同体の絆になったりすることもあった。しかし、人間であれば誰もが抱くであろう実存的な問いに対して応答する奥行きを、こうした普遍宗教は備えていた。たとえば、「人はどこから来てどこへ去っていくのか」という問いや、この世での苦しみや不幸などに直面する人々に対して心身のケアを講じる体系を、教義のうちに確実に備えていった。

三大普遍宗教のなかでイスラム教とキリスト教が「一神教」であることは、実はあまり問題にならない。人間が生活するところならばどこにでも昼と夜があり、太陽が命を育むことは共通しているので、多神教といわれている世界にも超越的な「最高神」という概念は遍在しているからだ。

普遍宗教が確立される以前の古代社会では、自然の脅威に対抗するために自然を神格化したり、自然を操る呪術師、魔術師、祈禱師、あるいは神々の神託を伝える祭司や巫女が現れたり、人々の願いを神に取り次ぐための供物を捧げるさまざまな制度が生まれた。普遍宗教の創始者たちは原則としてこれを禁止し、「教え」によって救いを説いた。

†普遍的犠牲愛――近代をかたちづくった精神

普遍宗教であればいずれもこのような共通した特徴を備えているが、そのなかでキリスト教のみに特有のものがある。それは、「帰依すれば誰でも救われる」という点ではなくて、「普遍的犠牲愛」が掟とされた点にある。つまり、どのような身分に生まれ、どのような能力を持っているかということでは人間は評価されず、それをいかにして運用する

（＝自分より弱い者に仕える）かが大切なのだという基本線を示したことにある。キリスト教はこの基本線に寄り添うことで、「○○するなかれ」というタイプの古典的で形骸化しやすい戒律主義と決別し、そこから一歩進んだ倫理感を形成していったのだ。

ユダヤの戒律のなかにも共同体における自然権の概念はあり、権利論や正義哲学は存在した。だが、それを、「平等な人格が他の人格に対して負う義務」として普遍化したところにキリスト教の大きな転回があった。これは、民俗学的な言い方でいうと、「返礼なき贈与」の義務化である。どんな社会でも、何らかの形での贈与と返礼というギブ・アンド・テイクの等価的な交換システムを宗教儀礼や社会関係の基礎にもつので、社会のあり方に応じた多様で複雑な価値計算の仕組みが備わっている。キリスト教の「普遍的犠牲愛」はこの仕組みを明らかに脅かすものだった。

キリスト教徒はこの「普遍的犠牲愛」という行動規範によって、宗教を問わない無償の教育や知識の交換、世俗の国教を超えた修道会の発展、病者や貧民の救済、同業者の互助組織といった社会福祉のネットワークの原型を少しずつ作っていった。

だが、キリスト教がもたらした「普遍的犠牲愛」というきわめて特殊な行動規範は、「進歩」とは相容れない、厄介なものだった。人間の自然な競争原理や共同体主義や自己愛、家族愛などと適合しにくかったうえに、権力者たちの支配のツールとして使うことが不可能だからだ。

支配層にとっては厄介であったため、キリスト教徒のそうした営為が支配者のエゴにとって妨げとなる場合や、政治や軍事や経済や恣意的な「共通善」にとって「不都合」であった場合には、「普遍的犠牲愛」という行動規範は躊躇なく看過され、棚上げにされ、無視され、隠されてきた。

けれども、「普遍的犠牲愛」というキリスト教の根幹のメッセージがあまりにも明快であったため、それを完全にねじ曲げ、曲解することは困難だった。キリスト教史においてはいつの時代であっても、「普遍的犠牲愛」に立ちかえり、光をあて、優先権を与える聖職者や修道士や信徒が必ず出てきて、「内部改革」や刷新や進路変更が繰り返されたのも事実だ。そして、たとえ「犠牲愛」が不問に付された時期においてさえ、その「普遍性」志向だけはいつも残って、「進歩主義」や「基本的人権」や「ユマニスム」という精神態度をもつヨーロッパ近代を少しずつ形作っていった。

†古代ギリシャの「普遍性」の限界

近代になってカトリック教会を否定するために書かれた多くの歴史書によれば、西洋キリスト教文明はルネサンスによってすぐれたギリシャ文明を再発見し、そのおかげで「脱キリスト教」へと「進化」したと考えられている。これは私たち日本人が世界史の授業で習う歴史理解でもある。だが、巷間に流布するこうした通説は正しいのだろうか。この筋書きは、少し考えるだけでつじつまが合わないことがわかる。

なぜなら、キリスト教がギリシャ語を介して広まったヘレニズム世界には、すでに高度なギリシャ哲学や科学が蓄積されていたので、当時の人々は「蒙昧だったからキリスト教にだまされた」のではなく、さまざまな理由から「キリスト教を選択した」のだ。そして、キリスト教の枠内で、ヘレニズムの「知」の限界を突破しようとしてきたのである。

では、ヘレニズムの「知」はキリスト教においてどのように継承されていったのだろうか。そのことをみる前に、まず古代ギリシャにおける普遍性の限界を簡単にたどってみよう。

†古代ギリシャの普遍主義──真理は「人間的なものの側にはない」

古代世界において、近代の萌芽となるような合理的科学観をはじめて残したのはタレス（前六二四─前五四六頃）である。タレスは、バビロニアの神秘学に起源を持つ「水の力」ですべての事象を説明できるとし、万物は水から生成し、水へと帰っていき、大地もまた水の上に浮かんでいると考えた。タレスはまた天文学や数学の研究にも名を残している。

一方、万物の根源を「数」だとしたのはピュタゴラス（前五七〇頃―前四九六頃）である。ピュタゴラスは、転生を信じ、みずからをヘルメスの子孫と称し、数秘術と数学の間に境がなく、また最初は無理数の存在を否定していたので、無理数を証明した仲間を溺死させたとさえ言われるほどの教条主義者でもあった。つまり、人智を超える絶対者に属する「神秘的な真理」の力を信じていたのである。

万物の根源を「火」としたのは、「万物は流転する」の言葉で有名なヘラクレイトス（前五四〇頃―？）だ。ヘラクレイトスは世界が絶えず変化していると考えた。生成変化する万物の根源に、燃焼する火が燃料を消費しながら明るさを生むなどのバランスを保つことに、現象の背後にある根源的な一者のシンボルを見いだした。

パルメニデス（前五一五頃―前四四五頃）は「真にあるものは不変」だと説いた。感知できる世界は生成変化するが、感覚は理性のように正確なものではない。「真にあるもの」は、連続一体・不生不滅で動かない球体のような一つの全体だ。彼にとっての真理（アレーテイア）とは、感覚ではとらえられない完全なものが啓示される時にだけ垣間見られるものである。

ヘラクレイトスが考えた「変化と保存とのバランス」、パルメニデスが考えた「動かない真実と変化する現象」の二つを統合したのがプラトン（前四二七―前三四七）のイデア論だった。万物は生成変化するがその背後には永遠不変のイデアという数学的にも理想的な原形があり、肉体という牢獄にとらわれている人間にはイデアを直接感知することができない。イデアは理性によってのみ認知でき、魂が肉体を離れた時にようやく、真の世界、故郷である全体に回帰して統合されるのだ。

プラトンのイデア論においても、「真理」が現世の人間からは超越したところにある完全な何かであると考えられ、「真理は人間から分断されている」という点では変わりがない。つまり、「真理」は「人間的」ではなく、人は生きている限りこの世界とは別のところにある「真実」を崇めるほかないのだ。「真理」は「人間的なものの側にはない」という点で、彼らの哲学における「真理の探究」は古代の神話や呪術の世界観と同根なのである。

その根源には、ヘシオドスが『神統記』で「死すべき人間」と強調したように、人間は(最初に創られた「黄金の種族」は別として)、神々とかけ離れた卑小な存在であるというヘレニズム世界では伝統的な世界観があった。

プラトンが紹介したソクラテス(前四七〇—前三九九)は「お告げをしない最初の賢者」と言われたが、そのソクラテスでさえやはり、「真理は人間的なものの側にはない」と考える古代世界の限界を超えられていない。ソクラテスが「汝自身を知れ」という時、それは、後にキリスト教がブレイクスルーさせた「個々の人間が善悪についてみずからの良心に諮る」という呼びかけではなく、デルポイのアポロン神殿の入口に刻まれた格言と同様、「自分の限界をわきまえる」という自戒と似た意味だった。

すなわち、ギリシャ人にとって、「汝自身を知れ」という言葉には、後にキリスト教世界が発展させたような「人類の連帯」や、「共通善」の概念や、「自然界の真理探究」といった命題は含まれていない。端的にいえば、ギリシャ思想には、個人が何かを批判したり信じたりする自由が内包されていないのである。人間や人間の理性は、「すでに存在する真理」がおのずから顕れる時に、それを受けとめる受容器でしかないと見なす点では、ソクラテスもプラトンも彼らに先行する賢者たちと変わらないのであり、その意味でギリシャ哲学は古代的な二元論の考え方に囚われたままだったのである。

ソクラテス 自分の無知を知るがゆえに、知を求める愛知（フィロソフィア）こそが人間存在の真のあり方であるとした。

実際、ソクラテスの弟子のひとりであるカレイフォンが、アポロンの神殿の巫女から「ソクラテス以上の賢者は一人もない」と神託を得たように、ソクラテスは、

「神の真理」に忠実な古代型の賢者であった。ソクラテスの二元論は真理が告げられた過去へのノスタルジーに彩られている。「真理」も「善」も、「今ここ」には存在しないのだ。

†ソクラテスが「不都合」だったわけ

ソクラテスにみられる二元論的な思想傾向は、プラトンの対話篇『メノン』におけるソクラテスとメノンの話からも明らかに読み取れる。このなかで語られる「私は自分が知らないということを知っている」という言葉は、ソクラテスの思想的な核心をなす「無知の知」を端的にあらわすものとして有名である。「無知の知」は、古典的な真理やさまざまな先入見にとらわれていることを自覚し、固定に対抗する懐疑主義の方法論としては有効だ。だが、すべての通説を疑うことで、すでに自分のなかに神の恵みとして受容されているはずの「真理」を想起するだけでいいという点では、「人間の力では真理を把握できない」という先人の考え方を継承している。人間は神によって触発され神がかりになる時にだけ真理を語り、徳を行える。だからこそ、善き人々をたたえる時に「神のような人」と形容されるのだ。

若者を堕落させるなどの罪状で裁判にかけられたソクラテスは、追放や逃亡などの道があったにもかかわらず、みずから死を選んだ。この世では、「この世の決まりに従った命令裁決」が絶対であって、正義の女神ディケーの判決に従わないという悪例を人々に見せてはならないと考えたのだ。ソクラテスはソフィストたちの恣意的な合理性や相対主義も批判したが、それに代わるものとしてソクラテスが重視したものは、「神的なるものへの従属」だった。

注意すべきなのは、ソクラテスは、神々のいいなりになっている蒙昧な人々に対抗して、「理性を持て、批判力を持て」と言ったことで、彼らから疎まれて殺されたわけではないということである。ソクラテスが「不都合な人物」だと見なされて排除された理由は別のものだ。

当時のアテネの人々は、実は、すでに古代的な「神のいいなり状態」から逸脱していた。

プラトン 現象界とイデア界、感性と理性、霊魂と肉体とを区別する二元論的な認識論を説き、経験的世界を超えて存在するイデアを真実在と唱えた。

つまり、「絶対の真理」を相対化し、いわば神々を飼いならしてリアル・ポリティクスを採用し、「自分たちに都合のいい真理」を掲げてプラグマティックに生きていた。そのような時代に、「人間はそんなに偉い存在ではない。君たちの理屈は成り立っていない。真理は神の恵みとともにだけある」ことを、ソクラテスが問答法によって証明して批判してみせたからこそ、当時の支配層から「不都合な人物」だと見なされたのだ。

たとえて言えば、こういうことになる。現代社会において、原理主義者や教条主義者やあるいは単に神にインスパイアされた信仰者が、「現在のキリスト教は、誕生当初の理念を忘れ形式化して堕落している」といって教会を批判し、若者たちに「回心」を呼びかけ大声で説教してまわれば、「常識的な人々」からは当然うとまれて排除されるだろう。ソクラテスが行ったことは、これと似たようなものである。ソクラテスの問答による方法論は優れたものだが、それはやはり、キリスト教が広めた「自由意思を持って創造し続ける人間」という考えとは真逆の、「偉大な神々と卑小な人間」という古代的な世界観の「内部」における、「改革」運動だったわけである。

†プラトンの哲人王――政教分離によって「支配者の神格化」を否定したキリスト教

古代ギリシャの賢者のすべてが、「神に与えられるべき絶対の真理＝アレーテイア」の世界から逃れられなかったわけではもちろんない。

すでにプラトンは、「善」についての考察を発展させた。善とは「有用」と「快適」という二つの属性を備えたものだという一般の考え方に対して、「有用な労働が苦痛を伴うことがある」という例を挙げて、「必要」なものは必ずしも「快適」ではないのだから、「善」と「有用性」は分けられなければならないとした。

そこから、『パイドロス』に登場する白い馬（精神）と黒い馬（欲望）が生まれた。その二つは人間の内部にあり、イデア界／叡智界に達するためにはこの精神と欲望の二元論から抜け出さなくてはならない。しかし、人間が完徳に至る能力には差がある。ばらばらな個人が努力しても仕方がないのであって、「真実」に達するにはこの世を離れなくてはならない。ヘシオドス（前七四〇頃―前六七〇頃）の『仕事と日』に登場する「黄金の種族」のような、完徳をこの世で得ることができる賢者だけが、他の人を統治するのにふさわしい。いわゆる「哲人王」の考え方である。

後に、比較神話学者のジョルジュ・デュメジルは、インド・ヨーロッパ語族の神話には、インドのカースト制にある祭司階級・戦士階級・生産者集団のような三機能イデオロギーの共通した構造があるとする「三機能仮説」を唱えた。第一機能の「主権」には、「呪術的至上権」と「法律的至上権」が相互補完的に分かれているとされる。「支配者」はいわば「別の人種」だと見なされる――わけだ。もっともこれは、中国の「天子」思想にもあるように、世界中に広くいき渡っている考え方だろう。キリスト教の広まったヨーロッパですら、世俗の王たちは自分たちの支配の正統性を強めるために、「王権神授説」やら、戴冠式での「聖油」の塗油やら、按手《あんしゅ》による病者の治療に至るまで、自分の権威を神によって担保しようとしてきた。もちろん、キリスト教ヨーロッパには、神との仲介を独占していたローマ教会が王とは別に存在していたので、王であろうと貧民であろうと「信者」としては平等である。そのため、教会は王たちの権力に堂々と対抗してきたし、そこからさまざまな戦いと妥協の歴史が繰り広げられたのである。こうした点を鑑みると、「支配者の神格化」とは「進歩史観」の識者がいうような「古代の話」では決してなく、支配者を神格化して考えることもまた「人間的」な傾向なのだろう。

こうした「人間的」な傾向に抗うかのごとく、キリスト教は「政教分離」を説いて支配者を神格化せず、政治や権力から切り離して「神の前の平等」を維持しようとした。世界の宗教と比較してみると、キリスト教がいかに特殊で型破りであったかが腑に落ちるのではないだろうか。

プラトンの国家論における「哲人王」は、みずからが体現する「理性」によって国を治め、ばらばらの国民に対してそれぞれが必要としているものを過不足なく配分する存在である。その意味では「支配者の神格化」と同じ根をもつといえるだろう。個人間の正義について判定するのも、もちろん哲人王が神から賦与されている理性だ。個人はその裁定に抗議することはできない。各人が各人の良心に従って行動を選択することは許されないのである。これはユマニスムとは相容れない。プラトンの「哲人王」に支配される国家像は近代的な意味での共和国社会ではなく、全体主義的な管理社会に他ならない。

†古代ギリシャの三つの思想的潮流——教条主義、不可知主義、懐疑主義

プラトンが結局、教条主義（ドグマティズム）に留まったのに対して、ソフィストたちはそれを相対化するシニシズムを発揮した。もう一つの思想的な流れというのが、不可知論的な懐疑主義（判断を保留する姿勢）である。反キリスト教的な近代史観によれば、この懐疑主義こそが、近代科学の精神の祖と言われることもある。だが、古代の懐疑主義もまた「ユマニスム」を生むことはなかった。

セクストス・エンペイリコス（生没年不詳、懐疑主義哲学者・医者）は、その主著である『ピュロン主義哲学の概要』のなかで、懐疑派（ピュロン主義者）と他の学派との相違を、真理の探究についての態度によって説明した。その説明によれば、人々が難問の答えを探求する時には、以下の三つの態度があるという。

① その答えを発見する

②　解答不可能であるとして探究を拒否する
③　探究を続ける

①はストア派、アリストテレス派、エピクロス派など、解答（＝基本的原理）、真理をまとめて「教義」の体系を創るものである。②は不可知論者で、カルネアデスやクレイトマコスらの末期アカデメイア学派（アカデメイアはプラトンが創設したストア学派だったが、紀元前二世紀頃にはストア派を攻撃する懐疑主義者の牙城となっていた）である。この学派は、「真理」の把握は不可能でも、蓋然的な疑似真理に従うことは認める。

③が、どこにも着地することを拒否し、疑い続ける懐疑派である。

②と③の分類は明確ではないが、①の掲げる原理や真理を相対化し反証を挙げて排除したうえで、判断停止に至るか、新たに排除すべき他の原理を探し続けるかというニュアンスの違いがある。懐疑派の姿勢は、今日の科学における、研究者たちが互いの仮説を検証し合うというシステムには確かに通じるところがあるのだが、ユマニスムの観点からはまったくかけ離れたものだ。

キリスト教には「被造物である宇宙は人間が解明できるし、それが人間の使命である」というオプティミズムがある。人間の創造力を信頼し、普遍的な人類愛の発露に寄与するという目的に支えられた進歩主義をキリスト教はそなえていた。

それに対して懐疑派は、「確かなものは何もない」と考える。物理学も、倫理学も、論理学でさえ信じてはいなかったし、そもそも必要としなかった。したがって、「すべてこの世は夢幻」的なペシミズムの方向に懐疑派が向かってもいいはずなのだが、懐疑派が理想の境地として目指したものは、この世での心の平静（無動揺）だった。彼らはこの世で体験する感覚的現実があることは承認する。その感覚的現実が最も苦痛の少ないものであるようにするには、できるだけ外の物事と関わらないほうがいい。それは、普遍主義の正反対であり、結局、精神的な強者によるエゴイズムに近くなる。

このような懐疑主義は、おそらく、ギリシャ科学が進歩した時代における一種の反動であったのだろう。なぜなら、ギリシャ時代の初期には「完全な真理は人間の手の届かないコスモス（＝ロゴス）のうちにしかない」としていた古代の教義体系が、この世の事象を解明していく（疑似）科学理論の体系へと進化していったからだ。

むろん進化したといっても限界はあった。当時においては、「この世の事象を解明していく」という科学理論の基礎にあったのは、「この世のことはすべて人間を超越した宇宙の真理によってあらかじめ決められているはずだ」というストア派的な確信であった。懐疑派の考え方は、そのような決定論的教条主義から解放されるための「自由」の希求の表現だったのだ。

しかし、いつの時代も、お仕着せの教えから逃れようとする「自由」の試みは、世界を自分だけのエゴに落とし込む「引きこもりの平和」という方向に走りやすい。そうした懐疑派の自己への沈潜と「無関心」とは対照的に、科学理論を求めるグループは、多少なりとも「普遍性」の方向に顔を向けていなくてはならない。

一六世紀になって印刷術が行きわたり、一五六二年にセクストス『ピュロン主義哲学の概要』のラテン語訳がフランス人によって出版された後で、西洋の多くの思想家がピュロン主義を再発見した。この翻訳書が出版された時代は、宗教改革を伴う教会ドグマ主義への懐疑の時代でもあったから、その再発見は、モンテーニュ、デカルト、ヒューム、カントなどという近代哲学者たちの認識論に多大な影響を与えることになった。

この時代にも、古代ギリシャと同じく、科学主義、ドグマ主義、エピキュリアンやリベルタンの個人主義などが渦巻いていた。そこにキリスト教が導入した「良心による生き方のチェック義務」が加わり、デカルトをはじめとする近代の思想家は、セクストスの哲学のなかから「カトリック教会の言葉を使わない普遍主義」を抽出しようとしたのである。

†アリストテレスとエピクロス

話を古代社会に戻そう。キリスト教以前の古代においては、科学派が「普遍」へのブレイクスルーに至るためには、アリストテレスにおける実証主義の登場を待たなくてはならなかった。それまでは、タレス、アルキメデス、ピュタゴラス、デモクリトスまで、一見「科学的」であっても、みな、現象を成り立たせる「必然性」が、人間を超越した世界においてすでに決定されているという決定論を根幹に持っていた。

こうした決定論的な考え方から抜け出したのがアリストテレスであり、そのアリストテレス的科学観を神学の基礎にしたのがカトリック教会だった。後に、「カトリック教会」を否定することでアイデンティティを築いてきたプロテスタントの世界で、カルヴァンらの救済論における「予定説」(ある人が神の救済に与れるかどうかは、予め決定されていて、この世での行いによってはそれを変えることはできない)が、むしろアリストテレス以前の方向へと戻ったことは興味深い。

さまざまな古代の科学論における「万物の根源」仮説のなかで、最も「現代科学」に近いと見なされているのがレウキッポス(前四七〇頃―?)とデモクリトス(前四六〇頃―三七〇頃)の原子論である。彼らの原子論によれば、万物はケノン(空虚)の中で動くアトム(原子)によって説明できる。原子は不生・不滅・無性質・分割不可能な無数の物質単位であり、空虚はその運動と存在の場所だ。形・大きさ・配列・姿勢の違うこれら無数の

アリストテレス　イデアを超感覚的な実体とみるプラトンの説を批判し、〈形相〉は質料に内在する本質であると説いた。〈個物〉〈普遍〉などの哲学概念を導入した。

原子の結合や分離の仕方によって、すべての事象が生じる。けれども、これだけでは、なぜ、あるものがある形をとって動くのかは説明できない。この点が、後にアリストテレスによって「不合理」だと批判されたところである。デモクリトスは、あらゆる原子に浸透してそれを動かす「火」があり、それは何者かによって決定されていることを示唆していた。

デモクリトスの原子論を受け継いだのがエピクロス（前三四一頃―前二七〇）である。エピクロスは、原子論の立場から快楽を肯定する倫理を唱えた思想家であり、西欧世界では長いあいだ無神論者の代名詞のように扱われてきた。エピクロスは、デモクリトスの原子論への批判を肩代わりし、それらの批判を乗り越えるべくさまざまな「合理化」を試みた。だが、やればやるほど新しい「不合理さ」が加わった。たとえば、「魂は肉体を離れては存在できない一つの体だ」（ヘロドトスへの手紙六四／六六）と言ったかと思うと、「自律した考えを持つより精密な原子である魂の存在」（同五〇／五一）を持ち出したりした。

自律した魂に備わる「ある傾き」やら、「原子の逸れ」などが、「決定論」を否定する「偶然」の要素を世界にもたらすというのである。

アリストテレスはデモクリトスの原子論が「説明の一貫性」「原理の包括性」「それらを支える観察」という科学の三つの条件を満たしている点において評価していた。しかし、原子と原子の間の相互作用の説明ができないままに「決定論」に逃げ込んでいることを批判したのだ。エピクロスはこれに対して、「決定論」を超える仮説を繰り出していったわけであるが、それは「実証主義」の方向からは離れていった。エピクロスの「ご都合主義」は、後にキケロからすら批判されるほどだった。

もっとも、エピクロス派は、やがて、ピュタゴラス派（音楽、数学、天文学、医学を研究した。当時流行したオルフェウス教の流れをくむ教団であり、評価の高い数学の研究にさえも、合理性のなかに神秘性が混在している）と同じように一種のセクトを形成する。エピクロスがせっかく「個の自由」という可能性を開いたのに、彼に続く弟子たちは、強烈な個性を持つ「教祖」に惹かれ、結局「賢者の教え」を信奉していったのだ。

「皆がそれぞれの平安を目指して自分の善（苦痛がないこと）を追求する道を説けるエピクロスこそ『神々の力』を受ける容器である」とルクレティウス（前九四頃―前五五頃。ローマの哲学的詩人）が言ったように、エピクロスもまた神格化されていくのである。

エピクロス　デモクリトスの原子論を受け継ぎ、発展させた。国家社会に関与することをやめ、肉体の健康と心の平静をもとめる快楽論を説いた。

そんなエピクロスの原子論が、二〇〇〇年近くも後になって、若きマルクスの心をとらえたことも、意外といえば意外なエピソードである（「デモクリトスの自然哲学とエピクロスの自然哲学の差異」）。マルクスは、エピクロスが「原子がみずからの重さのために落下する」という必然論を正して、「過酷な必然」よりも「偶然の働き」の方を選択したところに、人間の自己意識の絶対性と自由があると捉えた。この時にマルクスの心にあったのは、当然、キリスト教による神の摂理やライプニッツの予定調和説などへの反発であり、ヘーゲルによって意識された「主体的な人間」への志向だったろう。

マルクスはやがてそれをばらばらの個人の主体ではなく、「類的存在」としての人類へと発展させて理論を形成していった。その過程は、まるで、過去にエピクロスが古代的決定論を否定して偶然の中に自由を求めたもののそれが個人の次元に留まったのに対して、キリスト教が「普遍的な人類」という概念を導入したという経緯とそっくりだ。キリスト教の「普遍性」概念は、ローマ帝国の時代以来何度も導入されては排除され、ときには変質し、ときには否定までされてきた。それでも「西洋近代」を形成する重要な要素として生き続けていたからこそ、マルクス主義に至るまで、さまざまな形態をとって現れてきたわけである。

しかし、その「普遍性」ゆえに、それがいったんドグマ化されていった時には、支配イデオロギーの神格化、全体主義ともなる。古代から続く「真理を体現するエリート」体制の志向もまた同じように根強いものだからだ。近代の歴史は、両者が拮抗したり偽装しあったり否定しあったり妥協したりしながら、「進歩」と「平等な人間の連帯」の理想の共有を少しずつ広げてきたものだと言えるだろう。

政治も、科学も、同じようにいつも普遍と特殊の間で揺さぶられてきた。科学がブレイクスルーする時にも、ライプニッツの予定調和やラプラスの決定論（全ての現象は全ての粒子の運動状態で決まり、予測もできる）などが、古代の神託のエコーのように戻ってきた。その後の量子論や不確定理論は、懐疑主義者や不可知論者へと思いを馳せた。進歩とは一つのものの線的な進行ではなく、錯綜する生態系全体の様相の進化なのである。西洋における「キリスト教の誕生」とは、ある生態系にもたらされてその「進化」に特定の傾きを与えた遺伝子の突然変異のようなものだったのだ。

†アリストテレスの普遍性とその限界

話を古代ギリシャに戻そう。真理を体現する教祖となったさまざまな「賢者」の体系や、科学的ドグマ主義から、真に自由になったのは、アリストテレスであった。彼は、「理論的知性」や「哲人」の存在が、人による人の支配を許すものでないことをはじめて明確にした。いわば「知」と「力」とを分離し、「知」が権威として固定されたり、支配の道具として使われたりする世界から脱却したのである。これは人類の知の歴史において革命的といえることだった。

「知」と「力」の分離を可能にしたのは、アリストテレスが人間性の定義に知性を組み込んだからである。アリストテレス以前には、真の知性とは、人間を超えたコスモスに属するものとして考えられていたり、それを体現する少数のエリートによって独占されていたり、抽象的数学的なものであったり、人智の及ばない不可知の世界に属するものだと見なされていた。これに対して、アリストテレスは、ひとりの人間にそなわる実用的、倫理的、政治的理性を考察の対象にしたのである。

アリストテレスは、人間の知性をドグマ主義から解き放つことによって、知性に創造の道を開いた。自由意思は、個人の快楽のために使われるべきではない。もちろん知性を独占する「賢者」がもういないのであるから、個々の知性には限界がある。けれども、人間は、「全能」ではないが、「無力」でもない。その知性の行使にあたって、いろいろな可能性と限界との間で、最適な選択がなされねばならない。その最適な選択の基準になるのは、人が共に生きるために最適なものでなければならないということだ。共同生活のためのプラグマティックな最適「善」を優先することが求められる。

こうしたアリストテレスの考え方は、人間社会のデフォルトとも言うべき「支配者の優越性」を覆す画期的なものだった。このアリストテレスの、すべての人に知性が備わっていてそれを行使できるという普遍的「人間主義」が、数あるギリシャ思想の中から、後にカトリック神学の中心的位置に取り入れられるのは不思議なことではない。「共通善」の概念はキリスト教にも大きな影響を与えた。

けれども、アリストテレスの普遍性は、キリスト教の目指した普遍性とは異なり、限界があった。もちろん、キリスト教に備わっている「普遍的犠牲愛」という概念もない。

アリストテレスの普遍性の限界とは、彼の生きた時代の限界でもある。アリストテレスは、ギリシャの都市国家の政治システムを比較して分析した。そこにおける「自然権」や「政治的正義」は一様ではない。アテネにとっての共通善とスパルタにとっての共通善は同じものではない。「自然権」や「正義」は普遍的なものではないのである。それぞれの都市国家内部の「共通善」だけが、道徳規範の合意や言論の方法を規定する。奴隷制のある都市国家においては、奴隷制が「共通善」と矛盾することはない。彼にとっての「人間」とは市民であり、奴隷を含まないからだ。また、都市国家間で戦争する時には、敵の市民、敵の共同体に対しては何をしてもかまわない。「共通善」を共有できないからである。

また、アリストテレスにとっての「第一原理」は不動のもので、当然「人間の時間」とは関係がない。だからこそ、既存の都市国家を歴史的に批判するということは考えられなかった。市民たちの「共通善」の維持のために「すでに機能しているシステムと秩序」を保つことが「正義」なのである。

†ローマ帝国におけるキリスト教――型破りな宗教

イエスの死と復活から一五年ほども経った紀元五〇年、パウロがアゴラでキリスト教を説き始めた時、ストア派やエピクロス派のインテリたちは、オリエントから次々とやってくる新宗教に飽き飽きしていた。

当時の知識階層であった多くのストア派学者は汎神論的な考えをもっていた。彼らは「神話的人格神」を立てず、神とは人間の英雄や社会に貢献した人を神格化したものであると考えていた。ストア派的な汎神論は神なき宗教性ともいわれ、主知的で物質主義的に世界をとらえる実践的な知識を求めたのである。

神話的な宗教性を否定するストア派にとっては、イエスの死後の「復活」は自然法則に反するし、「神が人になる」「ロゴスが人になる」という言説も狂気の沙汰でしかなかった。ストア派にとってロゴスとは超越的で完璧な「宇宙の秩序」に他ならないので、人間の世界に現れることはあり得ないからだ。また、ストア派の学者たちは、キリスト教が提唱する「貞節」「清貧」「相互扶助」などのモラルは、哲学者などの上級な人間向きであり、大衆向きではないと考えた。つまり、当時の社会状況においては、キリスト教は既存の宗教の枠組みを超える「型破り」なものだったのである。

ところが、誕生した当初はインテリ層であるストア派の学者などから見向きもされなかったキリスト教は、やがてエリートにも大衆にも受け入れられていった。その理由はいくつか考えられる。ひとつは、死後に肉体や生前の記憶とともに復活できるというキリスト教の死生観が大衆の期待に合致したという信者側の理由。もうひとつは、キリスト教の効率性である。当時のローマ社会では、帝国各地から招致された神々への供物や典礼のシステムが複雑になり不経済になるにつれて、「偶像を礼拝することなく唯一神に帰依する」というシンプルな教義をもつキリスト教に信仰行為をまとめることが、コストがかからず

初期のキリスト教芸術　祈る女性（3世紀中頃）。ローマ、プリスキラのカタコンベ。

経済的だと認識されたのである。

こうして、キリスト教はストア主義の色濃いヘレニズム世界を席巻していくのだが、その背景には大きな政治的な理由も存在していた。

ローマの大火の犯人はキリスト教徒だとして虐殺を行ったネロ帝（在位五四―六八）をはじめとして、ディオクレティアヌス帝（在位二八四―三〇五）に至るまで、ローマ皇帝による迫害があり、おびただしいキリスト教徒の血が流された。こうした迫害の時代にあっても、キリスト教徒の共同体は、迫害に耐え、大衆のなかに支持者を増やし、順調に発展して強固なネットワークを築いていった。

そのうえ、テルトゥリアヌス（二―三世紀のキリスト教護教家。法律学、修辞学を修め、ローマで弁護士として活躍。三〇歳の頃にキリスト教に改宗し、教会のなかで活発な文筆活動を行う）ら護教論者たちが強調したように、キリスト教徒はギリシャ哲学の他にローマ法学にも拠り所を求め、国家に対して背かず、ローマ法の下で共存できたのである。オリゲネス

（一八五頃―二五一頃。古代キリスト教の神学者で、ギリシャ哲学にも通暁していた）も、ローマの統治はキリスト教が広まるための神の摂理であるとして、帝国とキリスト教が両立できると述べた。

キリスト教徒は既存の法を侵害していないばかりか各地で市民として適応していき、モラルも高いと弁護された。キリスト教の真理はすべての善の友であるとされ、リヨンの司教イレネウスが「世界の平和や海陸の旅行の安全はローマ人の賜物である」と言ったように、キリスト教徒はローマ帝国の平和的統治を讃美し、帝国を愛し、皇帝を尊敬し、キリスト教を用いて社会の幸福を増進するとまで言われた。キリスト教徒は革命家でも不平的分子でもなく、政府に喜んで服従する社会秩序の愛好家であると見なされて、妥協とサバイバルの道が模索されたのである。

このように、帝政ローマにおいて原則としての「政教分離」を明示することで、キリスト教の共同体はあらゆる階層へ急速に分散していった。にもかかわらず、デキウス帝（在位二四九―二五一）やディオクレティアヌス帝のもとでは激しい迫害が起こり、三一三年にコンスタンティヌス帝が発したミラノ勅令によって公認されるまでの二世紀半ものあいだ、その半分以上の期間は「型破りなキリスト教」は迫害の対象となってきた。みずからの権威を神格化する必要のあった皇帝たちには「政教分離」は「不都合」だったからである。

しかし、ローマ世界が拡大するとともに、帝国社会の多様化、相対化がはじまった。パックス・ロマーナの時代を過ぎ、五賢帝を戴いた平和で繁栄の時代が終わると、中央集権の力が弱まっていく。帝政後期にはじめてキリスト教を公認することによって、キリスト教独自のネットワークを帝国支配の道具に変えられることに、皇帝はようやく気づくことになったのだ。

†古代世界と決別し「進歩」を可能にしたキリスト教

ローマ帝国内で勢力を伸ばすキリスト教は、ストア派の世界を制覇して一世を風靡していく。キリスト教は、ストア派の高度なコスモス論をもスコラ哲学として飼い馴らし、理性と信仰を絶妙に配合していった。

ユダヤ教をルーツにもつキリスト教は、その登場自体が古代世界に新しい考え方をもたらした。肉体と魂が込みになった創造、人間の自由意思、呪術の否定、自然を解明し秩序立てていくことを人間に勧めるなど、古代世界のその他の宗教とは一線を画する思想を内包していた。

多くの古代宗教においては、神の世界と人間の世界が分かれていると考えられていた。

たとえば、プラトンの古代哲学のように「この世は完璧なイデア世界の影に過ぎない」とみなしたり、あるいは仏教では「現象世界はすべて夢まぼろしだ」と考えられている。こうした世界観が標準的だった場所で生きる人々にとっては、現生の苦しみを軽減しながらサバイバルしていくのが精いっぱいだった。

そうした時代環境に、原初のカオスから秩序を創り、創造者の似姿である人間に後を託すという新しい形の宗教が現れたのだ。その宗教こそが、この世での「秩序の維持」「伝統の継承」をしながら「理想の世界への回帰」を夢見るだけではなく、技術や知識を蓄積し環境に手を加えることによって現実世界を広げていくことが文明の発展であるという世界観へ最初の扉を開いた。つまり、人間を襲う生老病死の大きな「運命」という力を前にした諦めと忍従からも人々を解放し、神の国に向かってこの世を変えていくという目的と使命とを糧にして、人々を「進歩」の道へと送りだしたのである。

†キリスト教に内在する人間中心主義

キリスト教に限らず、その母体となったユダヤ教に見られる「創造神」の概念は、ストア的宇宙観にあった人間と自然との距離感をラディカルに変えてしまった。

古代ギリシャのストア派哲学者たちにとっての宇宙(＝自然)は、完璧な秩序あるコスモスだった。宇宙がそのまま「神性」であって、ロゴスである。その秩序は「不完全で死すべき人間」が造ったものではないから、当然、人間世界から「超越」したものだった。ストア派の考え方では、人は肉体の死によってはじめて完璧で無限のコスモスに統合されることになる。

ところが、一神教の創造神は、カオスからコスモスを創造した。一神教においては、「超越」しているのは「創造神」だけであって、宇宙も自然も人間も、超越した神から見ると同じ場所にある。宇宙は「神によって創られた」から秩序を持つのであり、「神の似姿」である人間はその秩序を解明する能力と義務がある。こうした考え方は、すべての存在者のなかで人間にもっとも重要な位置をあたえる「人間中心主義」ともいえるものであり、世界における「人間中心主義」は一神教が誕生したときにすでに内包されていたのである。

もちろんキリスト教も、ストア哲学の影響を受けて形成されていくうちに、肉体の蔑視や権威への従属などのいろいろな面を持ち、さまざまな逸脱もあった。通説的な世界史の記述では、「ユマニスム」に到達する人間中心主義は、ルネサンス期において古代ギリシャを再発見したことで得られたと考えられている。だが、そうした歴史理解は断じて間違っている。近世イタリアにおいて古代ギリシャの文明に邂逅したから「ユマニスム」が生まれたのではなく、キリスト教に内在する世界観を延長していけば、おのずから「ユマニスム」へ到達するからである。つまり「ユマニスム」は、「神から自由意思を与えられた人間が、自分の良心に従って行動を選択し、神の国の建設に参加する」という、キリスト教の内包する神と人とが連帯する世界観の帰結として得られたものなのだ。

キリスト教がなければ、「ある普遍的理念に向かって、平等な個人が自由意思で連帯して進む」などという特殊な考え方が生まれる確率はきわめて少なかっただろう。神々を人々から切り離してその「仲介者」や「代理者」が自分の権力行使の道具にしたり、人々が神々を都合よく飼いならして自己保身のために生きていったりすることの方が、はるかに「人間的」であるからだ。

これはあらゆる宗教についてあてはまることだが、「神」を「人間的」なものにとりこんでいく力はあまりにも大きい。それは、キリスト教の歴史においてもまったく変わらない。だからこそ、キリスト教文化のなかで本当に自由意思を行使して普遍的犠牲愛に向かおうという人は、「回心」を説く代わりに、時として「無神論」を説いた。偶像として道具にされた神を人間の手から解放して、人間もまたそのような偶像の神から解放されるためには、ラディカルな無神論が必要だったのだ。

無神論は「人間的」とはいえない。しかし、人間を、「エゴイズムの中に引きこもる人間的なもの」からキリスト教の説いた「普遍の愛」へと向かわせるために、敢えて神を消してしまおうという人々が生まれたのである。

ところがその結果、「神格化された人間」が、またもや自分自身を「偶像化」して堕落していくという堂々巡りが必ず生じた。あるいは、「神を失って信じるものがなくなった人間」が絶望してニヒリズムに陥るということもある。それでもなお、キリスト教によってブレイクスルーした「普遍愛と人類の進歩」に向かう歴史の底流は残り、西洋近代の形と方向性を作り、少しずつグローバル化していったのである。

†キリスト教の普遍主義

アリストテレスが生きた時代には都市国家ごとに個別的なものであった「普遍」を、キリスト教は「人類普遍」へと広げた。前者を否定したのではなく、一般（家庭や国家）と普遍（神の国）とを分けて、後者の義務は前者の義務に優先すると説いたのである。この普遍主義そのものの由来は、ユダヤ教と同じく、「万物の創造神」のもとでの平等という「一神教」から来ている。けれども、ユダヤ教が「神の民」は戒律や習慣を共有する共同体でなければならないとしたのに対して、キリスト教は地域ごとの文化や習慣の存続を認め、多様な市民国家を許容した。「神の国」はこの世では実現できないからである。

キリスト教の出発点において多様性は許容されていたのだが、やがて時代がくだるにつれて、万人が性差も身分差も貧富差もない同じキリストの体として生きる「神の国」の実現に向けて、この世でも努力しなくてはならないと説かれるようになっていく。

それだけではない。キリスト教には「普遍的犠牲愛」の要請がある。この要請によれば、キリスト教徒は自己犠牲をいとわないまでに他者を愛さなくてはならない。当然、世俗の支配者たちはこの「普遍的犠牲愛」という教えを嫌った。ローマ帝国の秩序は奴隷制と領土拡張と供物犠牲のシステムによって維持されていたため、このシステムをすべて否定するキリスト教が国家権力にとって危険思想だと見なされるのは当然であろう。だからこそ、マルクス・アウレリウス帝のような賢帝ですら、自分の統治権は生まれながらに与えられたものだと信じていたから、ユダヤ人ではなくキリスト教徒を虐殺したのである。

三九二年にローマ帝国でキリスト教が国教化される頃になると、ローマ社会はすがたを大きく変えるようになる。テオドシウス帝（在位三七九―三九五）は、テサロニケで起きたゴート人守備隊長殺害に激怒し、その報復措置としてテサロニケ市民の殺戮を命じ、七〇〇〇人の市民が虐殺された。この虐殺に怒りをおぼえたミラノの司教アンブロシウスは、テオドシウスが悔悛を表すまでは聖体拝領を禁じた。テオドシウスは八カ月後についに折れて懺悔を行った。

アンブロシウスは、オリンピック競技や闘技場でのデスゲームを次々と禁止させた。誰かが殺されるまで続けられる闘技はもちろん、オリンピックも、出身国のために死ぬことの英雄性をたたえる疑似戦闘であるとして禁止した。キリスト教は、永遠の価値である神の国という理想の前では、既成の体制や習慣を廃することも厭わなかったのだ。

これらの画期的な「人類普遍」の導入は、いちど「権力者」の手に渡ると、さまざまな逸脱をみせた。「神の名」のもとに先住民族を抹殺する時代や、言論や信教の自由が奪われる時代のほうが、そうでない時代よりもずっと長かった。後世の世俗主義歴史家は、それらすべての逸脱を、「カトリック教会」の無知蒙昧が引き起こした罪状リストに加えた。けれども、近代における言論の自由や、信教の自由や、良心的兵役拒否のような国家のために死んだり殺したりすることを拒否する自由も、キリスト教世界でこそ、少しずつ醸成されていったのだ。

このこととは別に、キリスト教がアリストテレスの「共通善」の概念をみずからの神学に取り入れたことは、両刃の剣ともなった。「共通善」とは、特定の国家や都市や民族や親族に適用されるものではなく、すべての人類に適用される「普遍的」なものであった。にもかかわらず、カトリック教会やキリスト教共同体にだけ適用される「共通善」としてしばしば都合よく用いられたからだ。

キリスト教社会においては「共通善」「公共の善」「公共の福祉」を目指すという原則はあまりにも強いものとなり、ヨーロッパ諸国の統治システム全体に大きな影響を与えた。そのため、逆説的にではあるが、どの時代においても「共通善」の名のもとに、少数者を迫害したり排除したりする権力者が現れた。同じロジックにもとづいて、二〇世紀前半のドイツにおいては全体主義を正当化することさえあったのである。アリストテレスが、共通善や自然権はそれぞれの市民国家内でのみ有効なものであり、戦闘状態の敵に対する権利剝奪の抑止力とはならないとしていたことは前述したとおりであるが、アリストテレスが危惧した「共通善」の限界が、その後の歴史において幾度も露呈したのだ。

†「共通善」の落とし穴

近代になって民主主義が発展するとともに、「共通善」は規範性をしだいに帯びていくようになる。やがてその規範性があまりにも自明視されるようになると、「共通善」が「悪用」された場合に、それを規制するシステムが機能しにくくなっていた。たとえば二〇世紀の前半のドイツで、民主的に国民から選ばれて総統の地位に就いたアドルフ・ヒトラーは、ドイツ国民と「アーリア」人種の「共通善」のために、優生主義政策を取り入れ、ユダヤ民族のホロコーストにまで至った。当時すでに「カトリック離れ」「キリスト教離れ」が進んでいたヨーロッパ社会は、「共通善」の暴走がもたらした結果をみて震撼した。その罪悪感があまりにも大きかったので、ヨーロッパ社会は「友愛」という理想の実現と「平和」の再建とを誓い、戦後早くから欧州共同体の形成に向かって「昨日の敵」同士が手をとって歩み出すことになった。民主主義の手続きよりも優先するモラルにもとづいた全体主義防止も常に意識されるようになった。

同じ衝撃は当然、カトリック教会をも襲った。「なぜナチスのホロコーストを阻止することができなかったのだろうか」と彼らは自問した。カトリック教会には政治的な駆け引きや功利主義を超えて、最終的には「正論」に忠実になることで何度も道を正してきた歴史がある。なぜ、ホロコーストのような自明の「悪」を、カトリック教会の名で弾劾できなかったのだろうか。

そこに答えを出して、戦後のカトリック教会を刷新したひとりが、ポーランド出身で、冷戦の終結にも大きな役割を果たしたヨハネ＝パウロ二世、ヴォイティワ（一九二〇―二〇〇五）である。ナチスによるホロコーストを身近に体験した若きヴォイティワは、ヨーロッパを荒廃させたイタリアのファシズムとドイツの全体主義に対してカトリック教会がどうして無力だったのかを自問せずには一歩も進めなかった。

ヨーロッパの伝統社会を支えていたトマス・アクィナス（一二二五頃―七四）の神学に

おいては、次のように考えられていた。善や完徳の「最終的な到達点」は「神によって」与えられたものだ。そこへの近づき方だけに人間の相対的な自由が残されている――。

近代においてヨーロッパがカトリック教会やキリスト教から離れていく過程で、それまで倫理や道徳の拠り所とされていたトマス神学の位置づけが変わっていった。その変化の過程で大きな影響をのこしたのがカント（一七二四―一八〇四）であり、彼は絶対価値などはなく、人々は共に生活する実践的な便宜として皆が守るべき規範を理性的に構築したのだと考えた。こうしたカントの考え方は、キリスト教思想史の水脈のなかでは「無神論」の系譜につらなるものである。なぜなら、ヨーロッパの無神論の流れにおいては、「神が存在しない」ことと「先験的な価値など存在しない」こととはセットになっていたからだ。

このように、カント以降のヨーロッパ思想史においては、理性主義や合理主義や普遍理念が重視されるあまり、倫理観や審美観における個々の人間の感じ方の差が軽視されるようになった。こうした流れに異を唱えたのが、フッサールの弟子だった現象学者マックス・シェーラー（一八七四―一九二八）である。シェーラーは、「人は勇気や美などという価値の存在を感じて認識することができるからこそ倫理の体系を創るのだ」と言った。

ヴォイティワの博士論文は、このシェーラーの価値倫理学と哲学的人間学（パーソナリ

トマス・アクィナス　イタリアのスコラ神学者。ドミニコ会所属。実在論の立場から、アリストテレス哲学と神学、すなわち理性と信仰の調和をはかった。

ズム）をテーマとして書かれている。

またヴォイティワは、「倫理」が「規範」になるのは、それが「真実」だという呼びかけを人々が個々の体験のなかでキャッチするからだと考えた。その呼びかけを認識する主体が、ヴォイティワが新しく解釈するペルソナだ。

　トマス・アクィナスは「人」をペルソナと呼んでいない。伝統的なキリスト教神学におけるペルソナは、三位一体などに使われる神のものであって、神は「父―子―聖霊」という三つのペルソナの関係性においてとらえられる。「神のペルソナ」にあずかる限りでだけ「人はペルソナ」なのだ。

　ヴォイティワは、そこに、神の愛の「唯一の対象」であり「最高価値」である「ペルソナという人間」の概念を導入した。スコラ哲学風の魂と肉体からなる個人のうえに、神の愛の対象となり超越と結ばれて行動を制御する独自の人格（ペルソナ）があるのだ。

†共同体からの自由

このヴォイティワの「人格(ペルソナ)」の概念は、実存主義的な考え方とも大きく異なっている。実存主義においては、人間を「自分の行動を常に選択できる能動的な主体で、人生の中で自己実現をすべき存在」だと見なすからであり、そこでは人間の主体性のみが問われている。他方では、「人間の行動はすべて生物学的あるいは環境による与件によってあらかじめ条件づけられている」という考えとも違う。ヴォイティワにとっての人格(ペルソナ)は、行動の主体でもあるけれど、主体を縛る諸条件を超越し、自分の行動を俯瞰して見ることのできるほどの「自由」を持っている。

人格(ペルソナ)は、教義的に与えられた目的を発見するべき主体でもなく、完全に主観的な神なき自由を行使する実存主義的な主体でもない。この人格(ペルソナ)の価値を肯定することで、カトリックは、信教の自由を基本的人権として掲げる近代民主主義社会と本当の意味で共存できるのだ。一九世紀を通じてヨーロッパでは「信教の自由」の絶対化が趨勢であったが、この動きに対して教会は頑固に抵抗してきた。その教会が、信教の自由を基本的人権として認めることは、キリスト教の歴史において決定的な転回だった。

スコラ哲学的概念の「共通善」は、伝統的な政治概念でもある。どんな共同体においても、共同体が存続するために必要な共通善を、一人の構成員よりも優先してきた。それは近代国家という共同体においても踏襲された。共通善のひとつである「信教の自由」ですら、イデオロギーの教義化を招いて近代社会に数々の独裁者を生んだのである。マルクス主義、国家社会主義、集団主義、物質主義、それぞれがそれぞれの偶像を礼拝した。それらに対してカトリック教会が無力だったのは、カトリック教会自身が個人より教会を優先する共通善のシステムの中にあったからだ。

こうして、第二ヴァティカン公会議（一九六二―六五）以降のカトリック教会だけが、「人格（ペルソナ）」としての人間の至上価値を宣言することになる。いかなる公権力といえども、人間に信教を強制することはできない。神の似姿である人間の至上価値が、自由、平等、寛容の価値を確立する。人格（ペルソナ）は実体のある制度（教会を含む）に完全に隷属することはないし、「共通利益」や「共通善」の中に消されることも吸収されることもない。

この革命的な信念に忠実であったからこそ、ヨハネ＝パウロ二世は、もう二度とファシズムを許さないという確信を得て、社会主義陣営に対しては「信教の自由」の価値を説き、自由主義陣営に対しては、分断された個人主義にもとづく消費主義や集団利権主義に異を唱えることができたのだ。

キリスト教の根本を振りかえると、アリストテレスの「共通善」を取り入れるまでは、キリスト教が掲げていたのは「普遍的犠牲愛」だった。福音書のイエスは当時の体制に対してずっと自由で革命的だった。サマリア人も姦通の女も徴税人もローマ兵士も平等に尊重し、すべての人の罪をあがなうために十字架につけられたという。「キリストの体」とは少数の支配者が全体を統御する体ではなく各部がそれぞれ違いながら神の愛にうながされて互いに弱いところをかばい合う体であった。

プロテスタントの諸派ならば、先行する諸派の「過ち」に気づいて改革に向かうことがある。しかし、ローマ・カトリックのようなグローバルな大所帯の老舗が、「「共通善」よりも「誰であれ一人の人間の尊厳」を優先する」と言いきり、共同体主義を乗り越えようとしていることが「普遍主義」に新しい地平を開いた。今やヨーロッパから、南アメリカやアフリカへと信者数の重心を移しつつあるカトリック教会にとって、真の「普遍愛」が実践できるかどうかは、ギリシャ・ローマ文化から受け継いだ長い伝統を、ドグマ主義という罠を回避して生かし続けられるかどうかにかかっている。

コラム①「スピリチュアル」とのつき合い方

今の日本では「宗教」よりも「スピリチュアル」が目立っている。スピリチュアルといえば、五感で感知できない超越的な次元のことだから、当然、いわゆる「科学的」な検証の対象にならない。欧米語では宗教と同義で使われることが多いが、今の日本ではひと昔前の「オカルト」と限りなく似ている。テレビの番組でも、健康やダイエットに効く食品などが紹介された後でデータの捏造が判明したら放送打ち切りになるのに、占いやスピリチュアルにはそういう最低限の基準もない。何でも大手をふってまかり通り、いわゆる「トンデモ本」批判の対象にさえならない。そういうぬるいグレーゾーンのエンタテインメントは本来サブカルチャーだったのだが、今は表通りに出てきてサブでなくメインになりそうな勢いだ。

スピリチュアリティの訳語である「霊性」というと、もともとは「死生観」に近い。

人間は、自分ではない他者が生まれたり死んだりするのを見て、彼らがどこから来てどこへ行くのかと思いをめぐらせ、自分をめぐる時間と空間の有限性に気づき、人生の不可逆性を恐れる動物だ。その恐れを解消するために、古来いろいろな解決策が練られた。

問題は、いわゆるカルト宗教などに見られるマインド・ビジネスだ。先進国の大都市では昔ながらの共同体は崩壊して伝統宗教も影響力を失っているから、多くの人がスピリチュアルの不毛状態にある。そして、いつの時代も、病んでいる人、悩んでいる人、苦しんでいる人、迷っている人を絶好のカモにして私腹を肥やしたり権力欲を満足させたりする野心家がいる。

カルト宗教は、一九九五年の地下鉄サリン事件をはじめとして、ときどき事件になるので警戒する人も多いけれど、そのせいで宗教そのものが遠ざけられる傾向が出てきた。けれども人はいつもスピリチュアルなものを必要とするから、今度は「宗教」という名を冠さないさまざまなスピリチュアル・グッズやパフォーマンスに向かってしまう。けれども、あるものがニーズに合致しているからといって「真実」であるとは限らない。

宗教といえば「信心」の領域だから、批判精神や科学的検証をもともと必要としない。「鰯の頭も信心から」というわけで、信じる心で癒されることは知られている。しかし、劇的に癒されなくとも、特定の宗教に「入信」しなくとも、誰もが無害だと認める宗教ゾーンもある。初詣でに行ったりお宮参りしたり合格祈願したりすることを生活の節目にする場合だ。一方で、占いやオカルトのように、宗教と銘打っていないのに批判精神や科学的検証を受けつけない次元の「お話」を提示して、人々の生活の指針とする領域も存在する。手相、誕生日の星座占い、血液型占い、筆跡占い、前世占いなど、枚挙にいとまがない。その中には、その日のラッキーカラーのように明らかな無害なものもあるし、各種お守りや幸運を招くアイテムのような「趣味の問題」もあるだろう。

でも、それを受け取る側に既成宗教やら共同体の信仰やらによる歯止めがなくて、老いや病気や失業などで弱い立場にある場合、「趣味の問題」が依存へとエスカレートしていく危険は必ずある。霊性の危機は、決してカルト宗教だけにあるわけではないのだ。

では数あるスピリチュアルのマーケットとどうやってつき合えばいいのだろうか。

まず、「お話」を「お話」として認識することだ。批判精神や科学的検証とは別の次元のお話だと了解していれば、鰯の頭でもお守りでも拝んだりあてにしたりしても平気だし、ポジティヴ思考でいい結果が得られることもあるだろう。

ただし、気をつけた方がいいことが二つある。一つは、お話を適用する限界を自分なりに決めておくことだ。そのお話が科学とぶつかる時は引っ込めるとか、他人に迷惑をかける時はやめるとか、家族に反対される時は妥協するとかいう限界だ。たとえば、結婚式を上げるのに大安吉日にしたいというのは問題ないが、事故や病気で医者から手術日を提示された時に、その日が自分にとって縁起の悪い日だから絶対に断るといったことはしない、という判断だ。

もう一つは、検証不可能なスピリチュアルの世界に関して、「鰯の頭」に神を降ろすとか、見えないものが見えるとか自称する特定の個人を崇拝するのを避けることだ。その理由を挙げよう。

超能力は基本的に検証不可能で批判の対象になりにくいから、超能力者への帰依は依存関係に入りやすいし、自由が制限されてそこから逃れにくくなる。そこに、見た目が気に入ったアイドルや身体能力の秀れたスポーツ選手などに夢中になって「個人崇拝」に陥ることとの本質的な違いがある。アイドルやスポーツ選手のファンは、彼らの魅力が永遠のものではないことを心得ている。誰かの顔や体が美しいとか秀れた技術を持っているとかいうことは、彼らを「崇拝」する側の人間と同じ「有限」の次元での特徴だからだ。

天使のようだったアイドルも年をとったり病気になったりするし、スポーツ選手の全盛期がそう長くないことは誰でも知っている。だからこそ次から次へと新しいアイドルやスターが現れるのだ。それは一見「個人崇拝」だけれど、実はそれぞれある時期にある理想を体現した誰かを崇拝しているので取り替えがきくし、実際、たえず取り替えられる。

それに対して、スピリチュアルな次元で能力を有していると称する個人を崇拝する時、人は「有限」と「無限」、「人間」と「永遠」を混同することになる。これは、本来の「スピリチュアル」に必要な「超越性」を揺さぶる大問題だ。

近代以後の西洋では「超越」は、宗教も理想も含めて、すべて人間の作った都合のいい「お話」に過ぎないという、「お話の解体」が始まった。ニーチェやマルクス、フロイトからフーコー、デリダやドゥルーズに至るまで、神話の隠れた構造分析や、各種のお話の相対化というポストモダンの「脱構築」の長い道程があった。「超越」は抹消されたのだ。

それでも、もちろん、「人はどこから来てどこへ行くのか」という実存的な不安が終わることはないし、有限の存在でありながら無限のことを考えるという人間の特性が変わることもない。

現代の科学文明の発祥となった西洋は、「超越」の大変動の中で葛藤してきた。キリスト教から近代理念が抽出されるまでには、人間的なさまざまな誤りや葛藤や戦いが繰り広げられた。キリスト教世界では超越と人間との関係について考え抜いた体力や耐性がある。

それに対して日本人には、そういう緊張や葛藤がなかった。「和魂洋才」でも平気だったし、シャーマニズムの伝統の中では「スピリチュアル」がときどきシャーマンに降りてくるのも、山の神が里に降りてきたり先祖の魂が盆や正月に戻ってきたりするのも自然だった。言い換えると、「スピリチュアル」が「超越」を浸潤して生身の人間と交信することへの懐疑や警戒が薄い。偽物か本物かの違いや、信心と真実の違いに対してのスタンスがアバウトになりがちだ。マインド・ビジネスに対する抵抗力が小さくなる。

もちろん、氏神様やご先祖様を拝んでいるだけでスピリチュアリティが保証される時代なら問題はなかった。でもそんな時代はずいぶん前に終わっている。とくに二〇世紀末以来の高度資本主義の競争社会や、理念理想よりも経済効果が優先される社会の中では、スピリチュアリティの希薄さが深刻になっている。そんなところに、ポストモダンのお家芸だった「相対化」のおかげで、巷にはマイノリティのフォークロリックな信仰やらオカルトやら泡沫新宗教までさまざまなスピリチュアリティがたくさん出回った。それを大量販売店の棚の商品のように考えなく消費してはいけない。スピリチュアリティと特権的な関係にあると称する霊能者などとの距離感の取り方は、自然に習得できるものではない。とりあえず特定の個人崇拝に陥らないように注意することと、占いなどによる言説を生活に適用する時の基準を決めておこう。

マインド・ビジネスはたえず進化しているから、カルトの見分け方もどんどん難しくなっている。信頼できる老舗の伝統宗教や普遍宗教にすでに軸足を置いているのでないなら、軽々しく一つの教えやお話を選択して深入りするのは必ずリスクをともなうことを覚悟しよう。幸いに、スピリチュアル・マーケットにはさまざまな商品がある。「超能力の開発」風の権力的なものや、「こうしないと地獄に堕ちる」風の恫喝的なもの、一人であの世とチャネリングしてしまうような孤絶を招くもの、「来世のチャンスにかけろ」風にあきらめを促すものなどには、あまり近づかない方がいい。

逆に、人生の良好感をもたらしてくれるスピリチュアリティ、世界や他者と和解させ連帯させてくれるようなスピリチュアリティ、自分が居心地よく隣人に優しくなれるスピリチュアリティをさがしてみよう。「お話」を奪われ脱構築された世界のただ中で、あたたかい連帯を可能にする「超越」の気配をもう一度感じることができる「新しいお話」が生まれるかもしれない。

第二章　「暗黒の中世」の嘘

†偏向した「近代の夜明け」

　私にとって「西洋史」理解の基本線は、長い間、いわゆる「教科書」どおりのものだった。それはさしずめ次のようなものである。

　まず、西洋史の出発点となるギリシャ・ローマ時代には高度な文化や哲学が発達していたということ。次に、キリスト教がローマの国教になってローマ教会がヨーロッパを支配するようになると、「暗黒の中世」と呼ばれる蒙昧な時代が続き、ギリシャ文明の知的資産が失われてしまう。七世紀にイスラム教が誕生して地中海世界を席巻するようになると、アラブ人がギリシャの古典を発見してアラビア語に翻訳し、交易や商業は発展した。アラブ人が征服したイベリア半島などでは、キリスト教徒やユダヤ教徒も迫害されずに共栄を許された。そのリベラルな雰囲気のなかで医学・科学・天文学などがつぎつぎとアラビア語に翻訳されて発展し、現代科学の基礎が築かれた。その後、徐々に経済力や軍事力をつけてきた「西洋」は、十字軍によるエルサレム「奪還」やレコンキスタによるイベリア半島の「回復」などの過程で、アラブ人の残した数々のギリシャ古典を「発見し」、それをアラビア語からラテン語に翻訳することで科学技術を飛躍的に発展させ、みずからのルーツであるギリシャ・ローマ古典を再発見するルネサンスが花開く。こうしてキリスト教一色だった蒙昧な神権政治の「暗黒の中世」が終わり、「自由」を獲得したユマニスム（人間中心主義）が誕生する。ローマ・カトリック教会の頽廃と堕落を弾劾するプロテスタント各派が生まれ、啓蒙思想や近代革命へとつながっていく——。

以上のようなものが、私にとっての西洋史の「だいたいの筋書き」だった。

こうした西洋史理解はほとんどの日本人にとってはスタンダードなものだと思うが、じつは西洋内部のイデオロギー争いやパワーゲームの文脈で生まれた「偏向した歴史観」にすぎない。しかしながら、日本のような「非キリスト教」文化圏の人間にとっては、どちらかといえば受け入れやすいものだった。なぜ偏向的な西洋史観だったにもかかわらず日本人には馴染みやすかったかというと、その理由はいくつか指摘できる。まず、西洋の中世を「暗黒」たらしめた原因がキリスト教体制にあるのだとしたら、日本人がわざわざキリスト教について学んだり、ましてや改宗したりする必要はないからだ。裏を返せば、「日本の宗教や体制」を維持することができるというわけだ。つぎに、「暗黒の中世」のキリスト教よりもギリシャの科学や哲学のほうが優れているのなら、「時系列」による思想の「進歩」を認めなくてすむ。すなわち、キリスト教よりも歴史的には古いギリシャ哲学のほうが思想的に優れているのだから、日本人が東アジアの大古典である釈迦や孔子の教えの妥当性を信じてもなんら問題はないということになる。さらに、「非キリスト教」圏のアラブ人が西洋人に近代化をもたらしたのだとすると、「西洋人の優越」を認めなくても済む。

しかし、こうした通説は本当に正しいのだろうか。

歴史的な事実はもっと複雑である。ここではまず、なぜ「近代ヨーロッパの科学は「古代ギリシャ文化のアラビア語訳」を通して生まれた」という歴史理解が通説となりえたのかを考えてみよう。

†新しい思想は古い思想を仮想敵としてみずからの正統性を主張する

ひとつにはプロテスタントの存在があげられる。近代の成立において、主としてプロテスタント勢力がローマ・カトリック教会を「敵」と見なし、その地位をおとしめることによってみずからの正統性を証明しようとしたからである。

誤解を招かないように言っておくが、私はべつに「実はアラブ人が近代科学に果たした役割は小さかった」「本当はカトリック教会だけがギリシャ古典を継承した」などと言おうとしているのではない。

パレスティナに生まれたキリスト教は、ローマ帝国内でギリシャ語によって広まった。当時のローマ世界ではギリシャ語が通用していたからだ。最初の護教論者は、キリスト教に改宗したストア派哲学者たちだった。当然、彼らはすでに身につけていたストア派哲学の教養に拠って立ち、ギリシャ・ローマの弁論術やレトリックを駆使しながら、教義の最初のかたちをつくった。この知識人集団が、古代の文学も哲学も法学科学も神学もすべて含めたギリシャ・ローマの知的資産を携えて、布教のためにヨーロッパ中に散らばっていった。つまり、ギリシャ・ローマの古典は失われたわけではなく、その知的果実は苗床を代えて連綿と生きながらえたのである。

他方、イスラム教が成立した世界には、すでにユダヤ教徒やキリスト教徒がいた。イスラム神学を築いたアラブ人たちはユダヤ教やキリスト教の文化に直接ふれていたのだから、旧約聖書・新約聖書に関する基礎知識を共有していたはずだ。その彼らが、新たに征服していった土地、つまりイベリア半島にはやはり「先住民」であるユダヤ教徒やキリスト教徒がいた。そこで新たな文化の融合が起こった。

もちろんいつの時代でも、文明の交配が行われるときには軍事侵攻というかたちであられることが多いものだから、イスラム教のイベリア半島への進出時にも略奪や破壊を専らにする輩が数多くいただろうし、自分たちとは異なる文化をもつ人間を差別し、追放し、虐殺する支配者も多かっただろう。それでも、知識欲や好奇心に満ちた人、先人の知恵に敬意をはらいその秘密に迫ろうとする人たちも必ずいるもので、人と人との出会うところ、民族や文化や宗教の差を超えて、探求と再発見、新解釈、創造と洗練と継承とが繰り返し起こった。それらは知識の連鎖として大きな生態系をなしていて、切り離されないで蓄積され、膨張していったのだ。

知識のほとんどは書物によって伝達される。だが、印刷術のない時代にはその流通は著しく限られていた。だからこそ、どの時代に、どの民族やグループが、どの場所に居合わせるかによって、知識の伝わり方や流通量は変化する。これは当たり前のことなのだ。古代ギリシャの叡智が孤立して存在し、それが失われたり、特定の民族によって発見されたり、その成果を別の民族が奪ったというような単純な歴史理解は、歪んでいると言わざるを得ない。

いつの時代にも「自分こそが究極の真理に到達した」「自分たちの民族や国や文明だけ

が最も高いレベルに達した」と言いつのり、「知」や「技術」の保有を人間のヒエラルキーに反映させ、権力を正当化するための道具に使う人間が必ず現れる。そのような場合は必ず、「進歩」史観が援用され、「後発のものほど優れている」という論法が展開される。

その典型的なものはホイッグ史観（Whiggish historiography, Whig history, Whig interpretation of history）と呼ばれる二元論だ。ホイッグ史観によれば、歴史は「進歩を担った殊勲者」と「進歩に抵抗した頑迷な人びと」との対立として叙述され、両陣営の戦いの末に進歩陣営が勝利した物語が「歴史」として記述される。当然、それを書くのはみずからを勝利者と見なしている側に属する者であり、自分たちの繁栄は運命によって直線的・連続的・絶対的に導かれた歴史的必然であるという「正統」史観ができあがる。

歴史をふりかえってみれば、新しい思想やイデオロギーが自己の正統性を訴える場合には、自分たちが「より古い」テキストに依拠し、先賢の知的末裔であることを論拠とすることで、みずからの正統性を声高に主張することもあった。たとえば、初期のキリスト教徒たちは、一世紀にヘレニズム世界へ広がる時、ストア派の源流である古代ギリシャ哲学のテキストよりも、旧約聖書のモーセの言葉のほうが「より古い」ことを強調した。それを端的にあらわしているのが、「テキストに権威を与えるのはそれが遡れる古さである」（テルトゥリアヌス『護教論』）という言葉だ。失われた楽園、黄金時代、古《いにしえ》の賢者、などはいつの時代にも「権威」を担保するものである。だからこそ、「新しい」権威は、「自分たちこそ失われた古い智恵の正統な継承者」というレトリックをしばしば駆使してきたのだ。

こうしたレトリックはキリスト教の宗教改革にも現れていた。キリスト教の教えを歪めてきたのはカトリック教会の腐敗のせいであり、自分たちプロテスタントは原点である「聖書」のテキストにのみ依拠し、霊性をリセットして再出発する云々、というのが彼らの基本姿勢だった。「新しい権力」の担い手は、古い権威を悪であると否定したり、その誤りを指摘する必要がある。

カトリック教会は、ギリシャ・ラテン文化のルーツにユダヤ・キリスト教文化を接ぎ木し、先住ケルト民族や新参ゲルマン民族を巻き込んで信者を獲得し、さらにイスラム文化までも摂取してヨーロッパの大権威になっていた。そんな世界で、新しい勢力は、それぞれの方法でそれを否定しなくてはならなかったのである。

†ホイッグ史観——みずからの正義を主張するための史学

では、西洋史のなかで新しい勢力が登場するときには、どのようなかたちであらわれたのだろうか。一般的に言うと次のような経緯がたどられる。

①宗教改革の時期にカトリックを保持して統合できたフランスのような国では、近代勢力の敵は「カトリック教会」のみだった。イデオロギーは反カトリックの理神論からさらに過激な無神論へと進み、「カトリック教会＝蒙昧」という式ができた。人民の団結のためには「自由・平等・友愛」という理念だけが抽出されて掲げられた。

②宗教改革の時期にカトリック教会を批判してすでに独自のプロテスタント宗派を確立していた国々においては、「キリスト教＝蒙昧」を避けて、神学自体を「合理化」する自由主義神学（教義学的な伝統にしばられずに聖書を研究し、信仰と理性を区別したうえで、キリストに対する歴史的啓示を重んじる学派）による近代化が図られた。このような宗教勢力を疎ましく思う権力者のなかには、人民を団結させるために古代回帰の思想を持ち出すものもいた。ゲルマン人、アーリア人の神話などによる民族主義である。（ドイツ）

③旧権力にも新権力にも活路を見いだせなかったプロテスタントたちは、新大陸に渡って新天地を開拓し始めた。そこに理想の神の国を築くことができたのだから、神や教会を否定したり蒙昧だと見なしたりする必要はなかった。むしろそれらは自分たちの

新しい発展を保証し、連帯を促すものだったのだ。（アメリカ）

ホイッグ史観は②の場合における一つの例である。それは一七世紀のイギリスで確立された。すなわち、現代の進歩をもたらした功労者がホイッグ党＝プロテスタントで、それに逆らった者がトーリー党＝カトリックという二項対立だ。

一七世紀のイギリスでは、チャールズ一世の専制政治に反対したクロムウェルらを中心とする清教徒が一六四二年に市民革命をおこす。四九年に国王を処刑して共和国を樹立し、長年にわたってつづいた王政に幕がおろされた。だが、クロムウェルの死とともに共和国は崩壊し、六〇年には王政復古となった。

このときに新王として即位したのがチャールズ二世であった。即位後、清教徒に対する復讐心に燃え、一連の弾圧立法を通過させた。やがてチャールズ二世は国内でカトリック保護策をとり、親カトリックに傾斜していったため議会と衝突するようになる。

こうしたカトリックと清教徒の対立状況のなかで、王位継承者である弟のヨーク公ジェームズ（二世）がみずからカトリック教徒であることを公言した。これはつぎのイングランド王がカトリックとなることを意味していたため、プロテスタントに属する英国国教会などの激しい抵抗にあった。

議会では意見が二分し、ジェームズの即位を認めるグループと認めないグループの間で激しい論争となった。それぞれの党の名称は、アイルランドの無法者を意味する「トーリー（Tory）」と、スコットランドの反徒を意味する「ホイッグ（Whig）」にそれぞれ由来する。ホイッグ党はカトリック教徒であるジェームズを王位継承者から除くことを主張し、トーリー党はそれに反対し、両者は互いに罵倒し合ったのである。

二つの党はジェームズ即位の是非にのみ特化されたグループであり、いわゆる政党ではなかったのだが、やがて自由党の祖となるホイッグ党が、プロテスタントの優越を説く歴史観に冠される名前にもなる。

国家が繁栄するためには政治の安定が必要だ。ホイッグ史観は、進歩史観にもとづく現在肯定から出発するので、「過去の勢力」には進化論における絶滅種のような意味しか見出さない。ホイッグ史観をもつ歴史家は、歴史の高みに立って優越的な現在の視点から過去を裁き、進歩の敵を弾劾する。ホイッグ史観の代表的な著作は、一九世紀に出版されたトーマス・マコーリー（一八〇〇―五九年）の手による『イングランド史』で、今も不朽の名著として賞賛されている。ホイッグ党下院議員だったマコーリーは名文家でもあり、「物語」の能力にたけていた。ホイッグ史観においてはカトリック教会など、蒙昧な過去の遺物にすぎない。

†ホイッグ史観が描くカトリック

一九世紀後半のイギリスは繁栄の頂点にあり、『イングランド史』に代表されるホイッグ史観は、イギリスのなかで正統史観の位置を占めた。その頃に明治維新を迎えた日本が、イギリスで主流だったホイッグ史観的な「西洋近代史観」を取り入れたのは当然だった。それは大英帝国の繁栄のルーツを探るためにも必要だったのだ。これが日本人の肯定的なイギリス理解の嚆矢となったのはいうまでもない。

実際は、「キリスト教が、ギリシャ・ローマの文明を看過し失った」とかいう話などではなくて、むしろギリシャ・ローマ文化圏に投げ込まれた新しい「変異遺伝子」として、ヘレニズム世界を進化させたことは前章で述べた。ここでは、さらに、西ヨーロッパにまで侵入したゲルマン民族やアラブ民族まで加わって、どのように「知」を醸成していったのかについて見てみたい。

これは大規模な多方向の相互作用であって、文化の流動性は、一国家一言語というような近代の趨勢からはとても想像できない大きなものだった。また、読み書きの能力のある少数のエリートと、先住民にとっては常に侵略者である莫大な数の武器を持った「移動の民」との間には途方もない深淵が口を開けていたことも忘れてはならない。

それにしても、なぜ「蒙昧なキリスト教世界」が「高度なアラブ人」に影響を受けたという図式が「正しい歴史認識」として定着したのだろう。その理由は、「カトリック教会」を「過去の敵」として新しい権威の座についた「近代勢力」が、みずから正しい歴史を書くにあたって拠り所としたということだけだったのだろうか。

もちろんこの図式を支持する一連の事実はある。まず、アリストテレスらの著作はキリスト教世界で一度も姿を消しはしなかったものの、「蛮族」の侵略によって焼かれたり、焼失を避けるために隠され、あるいは疎開させられて散逸した。印刷術がない時代に、修道院の奥深くで保管された写本が多くの人の目に触れるチャンスは限りなく少ない。

アラブの征服者たちは、征服したさきざきの土地で現地語を禁止し、アラビア語の使用を強制した。その土地で暮らしていた先住学者たちは、アラビア語文献の翻訳作業を続けた。そうした土地が商業的に繁栄するにつれて、イスラム文化とキリスト教文化の交流地点となり、「科学や文明」が発展した。しかし、この発展を可能にしたのは、その土地にはすでにキリスト教的「知のインフラ」が存在していたからである。たとえば、西ヨーロッパにおける公共の「学校」という教育概念も、そもそもはキリスト教の発明だったし、キリスト教とそのインフラとがなければ古代の知は完全に途絶えていたかもしれない。

もし歴史を公平に見るならば、イスラム圏のいくつかの都市におけるごく短い期間をのぞけば、次項にて詳しくのべるとおり、西洋近代科学の基盤ともなったギリシャ・ローマ文明は、中世においてキリスト教修道士たちがゲルマン人やアラブ人やサラセン人やフン族らの侵入者による破壊活動から必死に守ることで命脈を保ってきたのである。にもかかわらず、中世を「(偉大な)古代」と「(偉大な)近代」の間に挟まれた「(意味のない)中間の時代」だと図式的にとらえるようになった。こうしたヨーロッパ史観が定着したのは、皮肉なことにキリスト教内部の声が始まりだった。

考古学者のフラヴィオ・ビオンド(一三九二―一四六三)の言葉を受け、一四六九年に、フランスのアレリア司教でユマニストとして知られるヨハネス・アンドレア・ブッシ(初代のヴァティカン図書館長)が、書簡や著作の中でローマ帝国滅亡後の歴史を語る文脈で「中世=中間の時代」と命名したのだ。この図式的な歴史理解をルネサンスの大作家たちはまったく顧みなかったが、宗教改革の時代をすぎた頃から中世の図式化が定着しはじめる。

決定的だったのは、最も初期のプロテスタント会堂が建てられたドイツのハレにおいて、書誌学者のクリストフ・セラリウス(一六三八―一七〇七)が著した『historica medii aevi(一六八八)』と『Historia Nova(一六九六)』という二つの書物が刊行されたことがあげられる。この二冊の書物は、大学生の必修教科書として一世紀もの間出回り、アンチ・カトリック教会のヨーロッパ史観を植え付けることに多大な貢献を果たした。

この教科書が描くカトリック像とは、たとえば以下のようなものである。カトリック教会は頑迷で、拷問好きで、王侯たちの犯罪の共犯者である。西ローマ帝国の最後（四七六）から東ローマ帝国の最後（一四五三）までの千年の間にキリスト教は全体主義的な巨大な司牧権力を打ち立てた。それが、絶対君主のモデルとなり、人民の救済義務の名のもとに完全統制国家をつくり人民の完全従属を要求した。ギリシャ・ローマの古代においては一度たりとも、誰かにそのような「無条件完全服従」を求めるなどという発想はなかった。それが、キリスト教とキリスト教の司牧者の登場によって生まれたのである——。この教科書が読まれていたころは、カトリック教会＝キリスト教という認識が多くの人に共有されていた。そのカトリック教会によって、「プロテスタントは無神論者だ」と攻撃されていたので、矛先を向けられたプロテスタントが口をきわめて「キリスト教」を罵るのも不自然ではなかった。

当時の「政治的公正」が要請した「キリスト教＝蒙昧」史観によって、「暗黒の中世」を通して命がけで古代の知を守り伝えてきた無数のキリスト教修道士たちや、侵略者に追われて聖遺物や写本を携えつつヨーロッパをさすらい、新旧聖書と古代書を書写したり翻訳してきた知の戦士たちの姿が、「中世の闇」の奥深くへと葬られていったのだ。

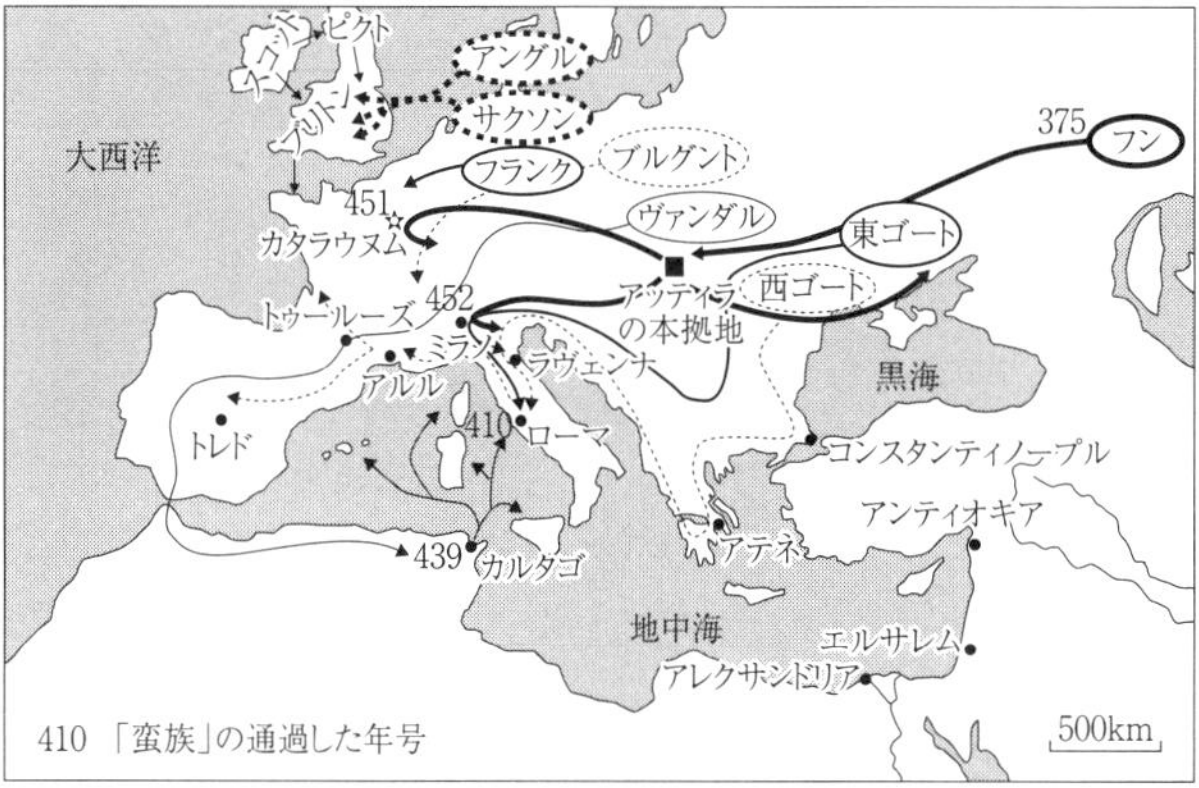

5世紀の民族大移動

†知の継承をもたらした修道院付属図書館

　では、中世のキリスト教の修道士たちはどのようにして「知」を守ったのだろう。

　ヨーロッパに大移動してきたいくつかのゲルマン民族のうち、最初にヨーロッパの中心部分（今のドイツ、フランス、イタリアとベネルクス三国）の統一を果たしたのはフランク族である。そのフランク王国の前半期、つまり五世紀末にはメロヴィンガ朝のクローヴィス（四六五―五一一）が、ランスの大司教からキリスト教の正統派（アタナシウス派）の洗礼を受ける。これによって、フランク王国がローマ教会のネットワークに参入することが可能になった。

　当時は、西ゴート族、ヴァンダル族などの侵略を受けて、すでに西ローマ帝国が滅亡してい

フランク王クローヴィスの洗礼（496年）

た。フランク族だけが、いち早くカトリックに改宗することで、ギリシャ・ローマの知のネットワークの上にヨーロッパの核を築くことになったのだ。大移動していたゲルマン族の棲み分けや同化が始まった七世紀頃、アラビア半島で生まれたイスラム教のアラブ勢力が、領土拡大のために進出をはじめた。

フランク王国はまだ脆弱だったが、カロリンガ朝のシャルルマーニュ（七四二―八一四、カール大帝）という文武に優れた賢王の登場によって、西ヨーロッパが統一された。すでにカロリンガ朝は、ローマ・カトリック教会を保護するために出兵してロンゴバルド族を討伐し、ラヴェンナ地方を教皇に寄進し「教皇領」の基礎づくりに貢献し、フランク王国とカトリック教会は政治的同盟者として強固な絆をつくっていた。八〇〇年、シャルルマーニュはローマ教皇レオ三世によって戴冠し、復活した「西ローマ帝国」の皇帝となった。

ローマ人ではないシャルルマーニュが力を入れたのはキリスト教の聖典の研究だった。

シャルルマーニュは、イギリスのアルビヌスとともに、「知」と「信仰」の両立を疑わず、

「ドグマ主義や偏見に対抗するために知性を解放しなければならない」と考えていた。「聖書の玄義を深く探究するために、ギリシャ・ローマの古典を研究するように」という回勅(Epistola de litteris colendis)が、ドイツのベネディクト会系フルダ修道院(九世紀には六〇〇人の修道士を抱え一大科学センターとなっている)の院長のバウグルフにあてて送られている。この「知性」の必要性は、エリートにだけではなく、庶民にも求められるべきだとしてシャルルマーニュは、「無償の学校」制度を設けた。画期的だったのは、キリスト教国に住む者ならば、たとえ異教徒のイスラム教徒の子弟であっても学校に受け入れたことである。

†知を共有財とみなすキリスト教の教育観

学校制度が可能になったのは、各地で「蛮族」の襲撃を逃れた多種多様の書物が、あらゆる教会堂や修道院へすでに避難させられていたからである。六〇〇年から七五〇年の間にフランク王国内だけでも二〇〇の僧院が建てられた。シャルルマーニュの誕生からその孫の死までの期間(七六八―八五五)には、二七の司教座聖堂(カテドラル)が建ち、四一七の修道院が建設された。偶像崇拝禁止であったが、読み書きできない民を教化するために、カテドラルや修道院は新旧聖書の図像で豊かに飾られた。東方教会やエジプトにも多

シャルルマーニュ戴冠 『フランス大年代記』の挿絵より。

くの書物が保存されていたが、七世紀にアラビア人の襲撃を受けたエジプトでは、ビザンティン帝国内に逃げ延びることのできなかった一五万人もの僧が虐殺され、聖典と共に壊滅的な打撃を受けていた。アレキサンドリアには世界一といわれる蔵書を誇る図書館があったが、六四二年にカリフのオマールによって破壊された。

イスラム以前においては、ヨーロッパの修道院を破壊していたのは主としてゲルマン人だった。西洋では「修道会の父」と呼ばれる聖ベネディクトゥスが、中部イタリアに設立したモンテ・カシノ修道院には図書館があった。この修道院は古代から中世を通じてヨーロッパの学問研究の中心としての役割を担っていたが、ロンゴバルド族によって破壊された。トゥールの司教聖マルティヌスが三六〇年頃にポワティエ近郊で建立した西ヨーロッパ最古のリギュジェ修道院は、五〇七年に西ゴート族に破壊され、その後図書館

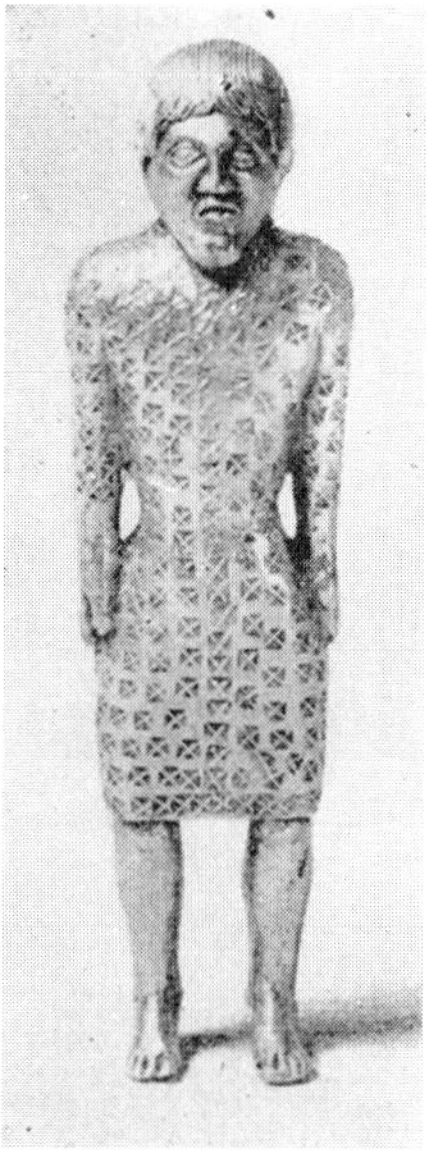

メロヴィンガ時代のフランク族

も学校も再建されたものの、八六五年にノルマン人に再び破壊された。

スペインの修道院の多くは軒並みアラブ人によって壊滅した。八三八年には、スペインから北上した狂信的なイスラム教徒が、マルセイユのサン・ヴィクトール修道院を襲って蔵書を焼きはらい修道者を虐殺した。再建された修道院は、九二三年にサラセン人によって再び破壊された。ノルマンディではヴァイキング族によって、イングランドではクヌート大王によって修道院が襲われ、略奪と破壊と虐殺が繰り返された。ブルゴーニュの修道院も何度も破壊され、クリュニーの修道院長は身代金と引き換えの人質にされた。

古代キリスト世界には、原始教会の伝統とギリシャ思想を結びつけつつ、キリスト教の体系化を試みる神学者が存在した。彼らは教父と呼ばれている。アレキサンドリアのクレメンス（一五〇―二一五）は、プラトンとギリシャ思想に精通し、ギリシャ思想をキリスト教神学へ結びつけ、以降のキリスト教神学の発展に大きな貢献をした。クレメンスをはじめとする教父たちは、修道院において

托鉢修道院の修道会学校　右手前は学生が師により樺の枝で鞭打たれているところ。15世紀、ブルゴーニュ図書館蔵。

は、ギリシャ・ローマの非キリスト教古典の研究を大原則として位置づけた。

六世紀には、ミラノ司教区のロマヌム修道院図書館が同時代で一番の名声を博していた。七世紀には、セザレの修道院が三六〇〇巻の蔵書を擁していたが、ペルシャ人によって破壊された。東ゴート王に仕えていたカシオドロスは修道者となって南イタリアにヴィヴァリウム修道院を創設し、キリスト教関係書の他にギリシャ・ローマの文学、歴史、地理の著作や写本を蒐集した。ギリシャ・ローマの文献を研究して、神学生を養成した。カシオドロスの死後、その蔵書は、宣教の旅でヨーロッパ中を回っていたコルンバヌスの設立した北イタリアのボッビオ修道院に移され、各地から研究僧たちが集まった。図書館長は書写生を監督して図書の運用責任を与えられた。コルンバヌスはヴォージュ、ブルゴーニュ、パリ地方、スイスなど各地で修道院図書館を精力的に創設した書物愛好家だった。

ブリテン島の修道院付属図書館は周りを海で囲まれているため、蛮族の襲撃による被害は比較的軽かった。海賊につかまって奴隷になった境遇から逃れた聖パトリキウス（パトリック、三八七—四六一）は、大陸で神学を修めた後にアイルランドを駆け巡り、シクストゥス三世から託された書物を疎開させた。

教皇グレゴリウス一世（在位五九〇—六〇四）は、イングランド南東部のケント地方にベネディクト会士アウグスティヌス（?—六〇四）を派遣し、修道院の設立と書物の分散に積極的に取り組んだ。教皇ヴィタリアヌスによって派遣されたテオドールが六六九年から開講したカンタベリーの神学校では、幾何学、物理、天文学、医学、ローマ法学も研究され教育された。テオドールの二人の弟子もそれぞれ別の修道院を設立し、オリエントと西洋の伝統を合理的に統合し、神学的、道徳的、形而上学的な知の体系を築いた。教父神学を翻訳し、最初のイギリス史を著した碩学のサクソン人ベーダ（ビード）・ヴェネラビリス（六七三—七三五）は、その神学校に七歳であずけられて諸学をおさめ

グレゴリウス1世　ゲルマン人、アングロ・サクソン人の改宗に熱心であった。「最初の偉大な教皇」と呼ばれた。9世紀の細密画、パリ国立図書館蔵。

た。生涯ローマに赴くことなく、教会典礼に必要な春分・秋分、夏至・冬至の時期やキリストの誕生年を計算し、基礎科学と応用科学を統合した。

グレゴリウス二世によって派遣されたボニファティウスは、ドイツに修道院を設立し、万能学者だった聖エロワはフランスのソリニャック修道院を知の殿堂にした。ローマ教会とは直接結ばれていないスペインや北アフリカの西ゴート国の修道院は、アラブ人によって破壊されたが、セヴィリヤでは生きのびた。

八世紀にフランク王国のシャルルマーニュが現れるまでは、全ての書物が聖職者の手によって流通した。パウロ一世はシャルルマーニュの父であるピピン三世にユークリッド幾何学の本を送ったし、スペインのアラゴンではアルビ写本によって、キケロやイシドロスの文法書や物理書が閲覧できた。

これらの「知の流通」は、キリスト教の普遍主義に支えられていた。多くの古代文明では知（書物や学者）は支配者の独占する個人財産として捉えられていた。だが、キリスト教においては知を個人財産とはみなかった。修道院図書館などで保蔵され、書写によって複本がつくられ、古典学術が継承されていった。背景には、キリスト教には全ての人間の自由意思を前提とした教育理念がそなわっていたことがある。

修道院の付属学校が開設された後に、司教区の学校がつくられる。司教区学校は聖職者養成のためにだけできたのではない。学校にあつまった若者にはラテン語の基礎や教養科目が教えられ、古典学術を継承するために不可欠な素養を身につけさせた。カリキュラムは文法、修辞、弁証（論理）の三学と算術、幾何、天文、音楽の四科から成り立っていた。一方で、神学の教育は聖職者の身分を擁する者のみに与えられていた。

自然諸科学のなかにおける哲学　図は哲学の科学に対する優位をあらわす。『哲学の慰め』独語訳の版画（16世紀）。

ボローニャ大学での講義風景　ボローニャ大学は中世最古の大学。学生と教授が聖職者の服装をしているのは、大学が教会の附属施設から発展したことに由来する。

シャルルマーニュが宮廷に集めた学者のアカデミーは、ヨークのアルビヌスが司り、七八九年の勅令（Admonitio generalis）で全ての子供に読み書き、計算、音楽を教える教区学校の設立が法令化された。「文法と諸科学をキリスト教領内にいる全ての人間に無償で教育する義務」は、一一七九年のラテラノ公会議において明文化された。文法教育によってラテン語の素養が高まったことが、その後のヨーロッパの言語状況に大きな影響を与えた。

†大学の誕生

ここで修道院とは別の知の系統であった大学について触れておこう。大学（＝ユニヴァーシティ）は現在世界中で高等教育機関の名になっているが、もともとはカトリック教会がヨーロッパ中に設置した教育研究機関だった。ユニヴァーシティの語源は、普遍＝カトリックと同じものだ。教会という言葉が「教会堂」の建物を表わすのではなく聖職者と信者の集まりを意味していたように、ユニヴァーシティも、教授と学生の共同体を意味するものであり、講義はカテドラル（司教座のある教会）の内部や私邸の中で行われていた。ローマ教皇はこのユニヴァーシティの監督保護者であり、教授に対する支払いが滞るなどの苦情が教皇にまで持ち込まれて処理されていた。

イノケンティウス三世（在位一一九八―一二一六）は、学生に忠誠を誓わせようとしたパリ大学の教授を制し、ホノリウス三世（在位一二一六―一二七）はボローニャ大学で課せられた学問の自由の制限を解き、グレゴリウス九世はパリの司教がパリ大学に干渉した時に、大学の法的学問的自治を保証する教書（科学の母Parens Scientarium, 一二三一）を発布した。さらに大学のメンバーが不当な扱い（違法の留置、法外な家賃、二週間以内に修復されなかった損害など）を受けた時に講義を停止するスト（cessatio）権までも提示した。

そもそも、ヨーロッパ中のユニヴァーシティのメンバーである教授陣や学生に「聖職者」のステイタスを与えたのはローマ教会であり、それも、彼らの権利を守るためだった。なぜなら、「大学」は司教座のある大都市に成立したわけだが、教授や学生たちは、都市民から差別を受けていたからだ。大学の誘致は経済効果があるために歓迎されてはいたが、学生を含めた大学関係者は消費者として地域経済に貢献するが、定住の意思をもたない「よそ者」であり、生産者ではない。彼らは対等な市民とは見なされず、住居、食物、書物などの売買で騙され、警官からは暴力をふるわれた。そのような敵意から大学を保護するために、ローマ教会は彼らに「聖職者」（clericus）の身分を付与した。「聖職者に対する暴力」は世俗でも犯罪と見なされ、聖職者自身は原則として教会の法廷によってのみ裁かれる特権的な地位を与えられた。この「大学」のおかげで、聖職者＝知識人という構図

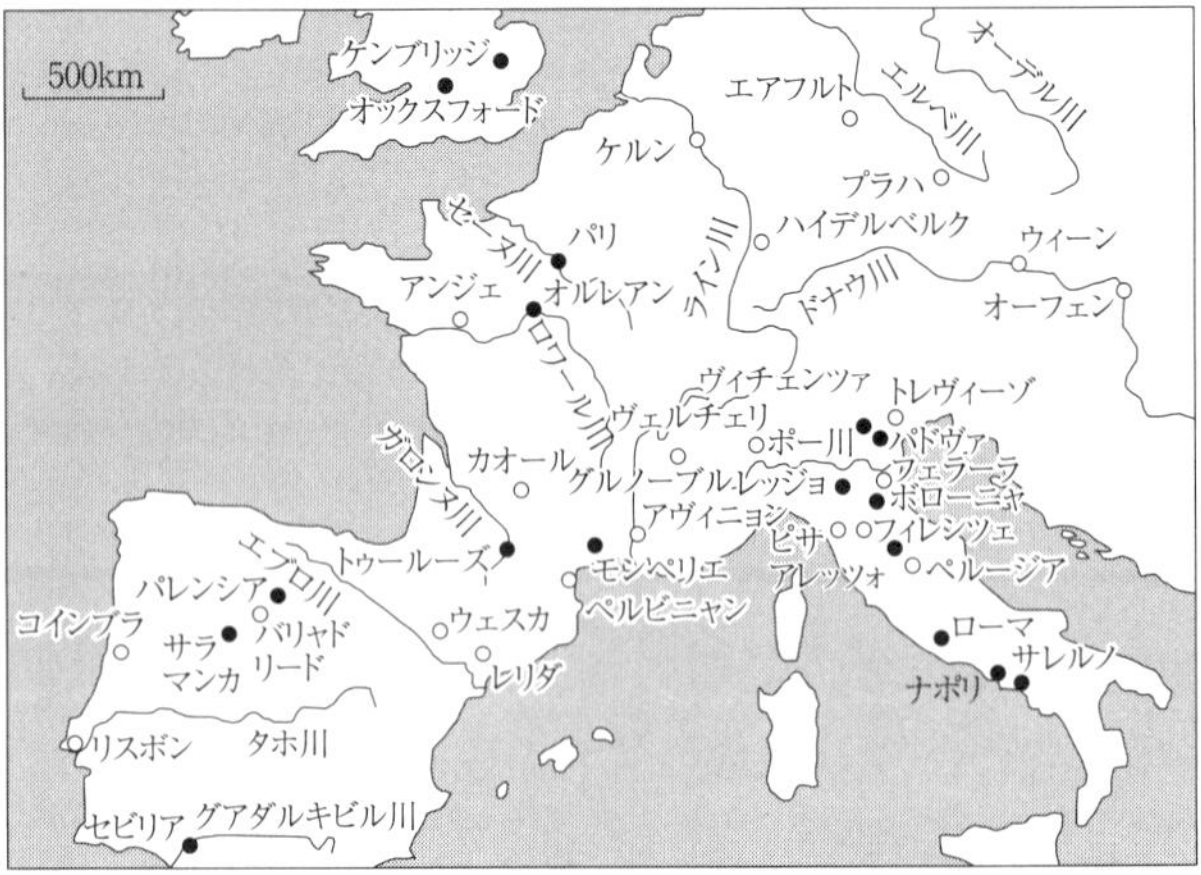

●1270年以前に設立された大学　○1270年以後に設立された大学

西欧各地の大学

がかたちづくられるようになる。

†学問の方法論に影響を与えたスコラ学

大学では神学ばかり教えられていたのではない。医学を含むありとあらゆる学問の場となっていた。いわゆる図書館も大学の「建物」ではなかった。当時は中程度の書物の写本制作に半年以上かかったので、ほとんどの本は借り物だった。ボローニャ大学（一〇八八年設立の最も古い大学）が一二二二年にパヴィーアに引っ越して、ボローニャ市民が嘆いたように、大学は簡単に移動もできたのだ。

当時の大学は一四歳からの中等教育も受け持ち、庶民家庭の子弟が少なくなかった。三学四科の教養科目（リベラル・アーツ）

と哲学（リベラル・アーツを統合して神学の予備となる高度な論理的思考だった）を修めた後で、さらに法学（世俗法と教会法）、自然哲学（今日の自然科学）、医学、神学を学ぶことが可能だった。ラテン語で出回るようになったユークリッド幾何学、アリストテレスの哲学や自然学、ガレノスの医学書などが教科書として使われた。

ユニヴァーシティにおける教育機関はスコラ（scolas）であり、そこでの教育がスコラ学という方法論となった。三学四科は教育カリキュラムの基本として考えられていたが、社会の変化に応じて学問の方法が大きく変わっていった。教師たちは単に古典の購読だけでは満足できなくなり、理性を重視し、主論と反論を戦わせて結論を導く弁証法的な主知主義を用いて深い意味を汲もうとした。まず問いがたてられ、互いに反する仮説が提示され双方の議論の妥当性を検討し、自分の結論を提示したうえで、反論に答えるという形式が、次第に確立していった。スコラ学の誕生である。

アンセルムス　スコラ哲学の開拓者。普遍の実在を説く実在論を唱えた。

この方法を最初に提示したのは、大学の構成員ではなくベック修道院長で後にカンタベリー司教となったアンセルムス（一〇三三―

アベラール　パリ大学における鋭利な弁証法学者。13世紀のアリストテレス実在論の先駆者のひとり。

一一〇九）だと言われる。アンセルムスは神の存在証明について考察し、パリの司教座学校で一〇年間教鞭をとったアベラール（一〇七九―一一四二）は、聖書や初期の教父たちの著作の中にある表面的な矛盾点をリストアップして分析し、重要なのは解決そのものではなく、解決に至ろうとする人間の努力であると結論した（『諾且否 Sic et Non』）。

キリスト教は当初から、異教の知識人から復活の教えなどの不合理さを批判されていたし、キリスト教内部にも懐疑派はずっと存在していた。だからこそ、キリスト教は、護教のための道具として理性を駆使する必要があったのだ。アベラールの弟子だったロンバルドゥス（一一〇〇―六〇）はパリ司教となり、スコラ学の基礎をなす『命題集』を残した。

スコラ学の論法を使って、何千という問いに答えていったのがトマス・アクィナスの『神学大全』である。トマス・アクィナスはスコラ学の頂点に位置づけられるべきカトリック神学の基本を作った。スコラ哲学の方法論は、西洋の学問世界に根強く残り、あらゆる論文形式の試験から科学仮説のエビデンスの証明にまでその精神は今も生きている。

カトリック教会は一貫して、「学問の自由」が保証される大学を愛し、パリ大学は「新しいアテネ」とまで呼ばれた。「アリストテレス哲学が世俗の学の最高峰でありキリストの教えと両立する」ことも、「神の存在」と同様に、理性的に「証明」されたし、その後の神学においても、アクィナス神学を新しく解釈していく自由は残された。「重要なのは解決そのものではなく、解決に至ろうとする人間の努力なのだ」というアベラールの精神は、基本的には生き残ったわけである。この「自由」が大学内で保証されていなければ、後に、プロテスタントも、カトリックの改革も、知識人の脱宗教も、無神論さえ生まれてはいなかっただろう。

†イスラムがヨーロッパにアリストテレスをもたらした?

このように、ヨーロッパにおける知の継承が「キリスト教」という普遍主義ネットワークを通して継承されていたことは疑いようがない。キリスト教から見て「異教」であるギリシャ・ローマ文化は、やはり「異教徒」であった先住ケルト人や侵略ゲルマン人たちが「キリスト教化」することによって、受け継がれてきたのである。

歴史をすこしでも公平な視点から描こうとするのであれば、近代偏向史観が説くようなヨーロッパの中世像、つまり「頑迷で蒙昧なキリスト教徒」対「進取で寛容なイスラム世界」という図式的な中世像は成り立たない。中世における「キリスト教徒」とは、すでに言語も出自も多様な民族から形成される集団であり、古代世界の知の継承はラテン語・ローマ教会の司教区組織と修道会のネットワークによって支えられていたからである。

では、「寛容なイスラム国家ではキリスト教徒もユダヤ人も平和に共栄していた」といわれるあの神話、「イスラム文化がギリシャ・ローマ文化を翻訳してくれたからヨーロッパはそれを再発見できた」というあの神話の実体はどうだったのだろう。

日本人やヨーロッパ人の観光客が、南スペインのアンダルシア地方にあるコルドバの聖マリア大聖堂を訪れると、かならず聞かされる話がある。コルドバ大聖堂はもともとイスラム教の大モスク（メスキータ）だったこと、それをカトリック王がイスラム教徒を追い出した後にカテドラルに転用したこと、かつてはイスラム教徒とユダヤ教徒とキリスト教徒が共存共栄していたが、カトリック教会が全てのユダヤ教徒とイスラム教徒を追放したこと、しかしながら町のそこかしこにはイスラム統治下の文化的に豊かだった時代の遺産が残っている、という話である。

実際には、「イスラム教とキリスト教の対立」という図式は成り立たない。なぜなら、一方にイスラム文化の世界があり、もう一方にキリスト教文化の世界があって、どちらかがどちらかを侵略してきた、というような歴史的事実はないからだ。

イスラムがキリスト教と同じアブラハムの宗教として成立した七世紀には、すでに夥しい数のキリスト教徒が存在していた。開祖ムハンマド自身が「キリスト教とユダヤ教はイスラムの二つの光源である」と言っていることからもわかるとおり、イスラム教が初期に征服したエジプトでも、ユダヤ人とキリスト教徒がすでに暮らしを営んでいた。キリスト教は「民族宗教」ではないから、ベルベル人のキリスト教徒も、トルコ人のキリスト教徒も、アラブ人のキリスト教徒もいたのである。当然ながら、イスラム教徒はまだだれもいなかった。

西洋近代史家が好んで対立させた「オリエントのイスラム教」と「オクシデントのキリスト教」という構図など成り立ちようがなかったのだ。

コルドバの聖マリア教会　後ウマイヤ朝のもとで8世紀に建設がはじまり、10世紀末に完成した。レコンキスタ後、カトリック聖堂に転用された。メスキータ。

†イスラムの役割

イスラムによって征服された場所では、ギリシャ・ローマの古代知や教養というものが、キリスト教のネットワークを通じてすでに共有化され根づいていた。

イスラムの支配者たちの中には、自分たちのルーツでもある先住者の文化遺産を尊重する者もいれば、「先住文化」を蹂躙しようとする者もいた。残念ながら、侵略者には破壊衝動に傾く者の方が圧倒的に多いのはどこの世界でも共通したことだった。

それでも、優れた知の遺産に惹かれ、叡知を身につけようとする一群の人も必ずいる。理性と信仰が矛盾しないというギリシャ以来のキリスト教神学の合理性を、イスラム法解釈に適用しようとするムータジラ学派もこうして生まれた。彼らは政治と法律と社会システムが一体となっているイスラムの中にも「自然法」を認め、真実の探究の必要性を説いた。この学派が順調に発展していたら、イスラム神学にもユマニスムが浸透していたかもしれない。

その芽を摘むことになったのは、皮肉なことに、シリアのダマスカスにいたアッバース朝第七代カリフの名君マアムーン（七八六―八三三）のとった政策だった。彼はムータジラ神学を「公認のドグマ」として採用して、他のすべてを弾圧してしまったのだ。マアムーンはギリシャ哲学に関心を持ち、知恵の館という総合的研究施設を設け、ネストリウス派（キリストの神性と人性の分離を強調する宗派。シリア、ペルシャ、インド、中国に伝えられた）のキリスト教徒に命じて、アリストテレスなどのギリシャ語文献をアラビア語に大量に翻訳させた。けれども結局、マアムーンがムータジラ学派以外の宗派を弾圧したせいで、ムータジラ学派は憎悪されるようになった。

どんな進取の精神を持った名君でも、「独善」はすべてを敵対させていくのである。第一〇代カリフのムタワッキルは、ユダヤ人もキリスト教徒もシーア派も在野のムータジラ学派も追放し、みずからも八六一年に暗殺された。

エジプトではユダヤ・キリスト教文化の質の高さに惹かれたハールーン（在位七八六―八〇九）の短い治世を除けば、野蛮な殺戮と破壊が続いた。九世紀にはあれほど繁栄していたコプト教徒（エジプト土着のキリスト教徒）の知的生産性は灰燼に帰したのである。

†イスラム統治下のキリスト教徒

イスラムの首長たちが、キリスト教徒やユダヤ教徒に「不信心者（dhimmi）」というステイタスを与えて容認することもある。この場合は、コーランの規定に従って厳しい税と賦役が課せられた。もともとイスラムへの改宗を強要するための規定だから、キリスト教徒の女性や子供を奴隷に差し出すというような過酷なものであった。

六四三年、トリポリのベルベル人キリスト教徒は、イスラムのアラブ人から激しく迫害された。イスラム化したトルコのオスマン族は、東欧のキリスト教徒を迫害した。「不信心者」たちは、シナゴーグや教会堂を建てることを禁じられ、イスラム教徒から糾弾された場合には弁護権を与えられなかった。公共の場所で祈ることは禁じられ、布教は犯罪を構成した。「不信心者」の身分を示す服の着用が義務付けられた。

ウマイヤ朝を倒したアッバース朝は都をダマスカスからバグダードに移し、「不信心者」に黄色の帯やスカーフをつけさせたり浴場で鈴をつけさせたりした。一一世紀のファーティマ朝になると、キリスト教徒は五〇センチの木の十字架を、ユダヤ人は木の仔羊を首から下げさせられた。

教育については、もともとキリスト教の地域でなかった地域では、「不信心者」に科学へのアクセスは禁じられた。旧キリスト教地域では、聖職者にのみそれが許された。バグダードは、東西交易と農業灌漑の発展によって大いに繁栄し、シルクロードを支配して世界一の大商業都市となっていた。この街には、ギリシャ・ローマの古典ばかりかインドや中国の書、あるいはイスラム文学や神学の書を擁する大図書館ができていたが、公共のものではなくカリフ個人の権力の象徴にすぎなかった。だからこそ、早いうちに閉じられ、一二五八年にモンゴル人の襲撃によって全ての書物と共に図書館が破壊された時に、書物を救い出そうとする修道士もラビもいなかった。彼らはすべて殺されたか改宗していたか、奴隷化されていたからである。

†イスラムは「寛容」だったのか?

では、メスキータのあるコルドバで聞かされるあの有名な「寛容」神話の方はどうだろう。

アッバース朝に敗れて七五五年にイベリア半島に逃れてきた後期ウマイヤ朝が、イスラム・ユマニスムの文化を体現したのは事実だ。とくに、一〇世紀初めのラフマーン三世とハカム二世の治世に当たる一五年間は、古代世界の知の集積がすすんだ。

キリスト教徒の図書館は維持され、モザラブと呼ばれるキリスト教徒は修道院型の無料学校をアラビア語で開講した。初期のイスラムではコーランの言葉であるアラビア語を話すことが同化の絶対条件である。逆にいえば、アラビア語化さえすれば、キリスト教知識人たちは、そのまま活動を続けることができたわけだ。彼らは、アレキサンドリアのパレルモやバグダードへと派遣されて、各地の図書館やキリスト教修道院から写本を集めては持ちかえり、それを続々とアラビア語に翻訳したのである。

近代医学がアラブ世界からヨーロッパにもたらされたという通説も正確ではない。バグダードやダマスカスでギリシャ・ローマの医学書が訳されたのは事実だ。けれども、ヨーロッパ世界にも、ローマのプリニウスの『博物誌』由来の植物学を基にした薬草栽培文化が修道院を中心にしてすでに発展していた。とくに一世紀のギリシャの医師で薬学者ペダニオス・ディオスコリデスの『薬物誌』などは、一度もキリスト教世界から姿を消したことがなかった。それがコルドバでアラビア語に翻訳されたのは、ビザンティンのモン・アトス修道院が所蔵していた写本がコルドバのラフマーン三世に寄贈されたからである。もちろんこれらの翻訳本は、さらに研究され、増補された。

ラフマーン三世が先行文化を平和裏に統合した前には、それを可能にするラフマーン一世による「ラテン語消滅」政策があった。キリスト教徒の名はアラビア風に改名を強制され、すべての行政はアラビア語だけによって行われることになった。コルドバの大モスクが建てられた場所は、そもそもは西ゴート王国時代に建設されたカトリック教会の跡地であった。教会はイスラムによって「買いとられた」ことになっているが、礼拝行為を禁じられ、過酷な課税や課役を強要された「不信心者」であるキリスト教徒にとってみれば、教会をあきらめる以外に選択の余地はなかっただろう。ラフマーン一世の時代には、弾圧のひどさを前にして、キリスト教徒による抗議の暴動が何度も起こった。続くラフマーン二世はイベリア半島をさらに進み、各地の修道院や図書館を破壊しキリスト教徒を虐殺した。

アラビア化したキリスト教徒を容認したラフマーン三世の後のカリフたちも、トレドの町を兵糧攻めにしたし、ヒシャーム三世の宰相マンスゥールのように、キリスト教徒とユダヤ人には改宗か、追放か、死かの選択しか与えない者もでた。マンスゥールは、九八五年にバルセロナの全てのキリスト教徒を投獄し、全てのユダヤ人を殺戮することを決定し、ハカム二世の治世にユダヤ人とキリスト教徒によってつくられた図書館を破壊した。

アラブ人だけではもちろんなく、オスマントルコ人もキリスト教徒の未成年男子を宦官として徴用し、一三三四年からは、彼らを同じキリスト教徒相手の戦争に狩りだした。

近代西洋史においてヒーローのように扱われている第一〇代スルタンのスレイマン一世(在位一五二〇―六六)はどうだろう。帝国の最盛期を築き、ヴェネチアの商人やフランスのフランソワ一世と関係を結び、正教の司祭の娘を三番目の妻にし、大使館内にキリスト教聖堂をつくることを許し、アラゴンのカトリック王フェルナンド二世やロシアのポグロム(ユダヤ人の集団虐殺)によって迫害されたユダヤ人たちを迎え入れ、彼らから科学と文化を学んだユマニストなのだろうか。昨今の研究によれば、そうしたスレイマン一世の理解に疑問符が付されている。

スレイマンは、一五二九年にはウィーンのすぐそばまで侵攻するほどの征服欲を見せ、他のイスラム宗派や政敵には過酷な仕打ちを躊躇しなかった。「残酷」と呼ばれた父親セリム一世と同じように、イスマイル一世下のイランのシーア派を虐殺し、ユダヤ人とキリスト教徒に課した未成年の奴隷労働や、法廷での差別を変えることはなかった。一五二一年にベオグラードから、二四年にはブダ（現ハンガリー）からユダヤ人を追放し、一五三五年にはチュニジアでユダヤ人の虐殺を行った。一五二二年にロドス島のキリスト教徒を追放または奴隷化し、一五五四年には、アルメニアのエレヴァンでイスラムへの改宗を拒否したキリスト教徒を虐殺した。一五二三年にはエルサレムをすっかりイスラム化した。確かにスレイマンの後継者たちの所業はさらにひどかったが、西洋近代がたたえる「ユマニスト」の実態はこの程度だった。

私はこれらのエピソードを羅列することで、「宗教に寛容だといわれていたイスラムの支配者たちが実は残酷な暴君だった」と言いたいわけではない。「蒙昧だといわれていたキリスト教徒が実はイスラムの文化の発展に寄与したのだ」と言いたいわけでもない。これらイスラム教の暴君たちと同じように、キリスト教の征服王たちも十分に残酷だったことを示す事実は、その気になればいくらでも列挙できる。

ただ、偏向した近代西洋史が広く通用しているがゆえに、キリスト教徒の愚かさや頑迷さや残酷さの例はあちこちで何度も強調されているのに対して、イスラムの「寛容神話」の方は無批判に受け入れられている不均衡があることは明らかだ。

宗教や民族にかかわらず、人間は時と場合によってはどんなに残酷にも愚かにもなれるものである。歴史を公平に見ていくと、知の蓄積や人々の共存などが可能だった平和な時代は、短いとはいえない人間の歴史全体においては、闇夜の泥海の上にときたま光る稲妻のように稀でしかないことをここで確認しておきたい。

†「西洋近代」が描く歴史はイデオロギーの表明である

これは二一世紀の今でも、本質的には変わらない。けれども、今の世では、スレイマンやらカトリック王やら異端審問官やら新世界の開拓者やら奴隷商人やら敵地で略奪する兵士やらが過去になしてきた蛮行をほんの少しでも誰かがすると、すぐに「人道に反する罪」だと指さされたり、「国際社会」から糾弾されたりする。公に認められる奴隷制度も植民地侵略も今はほぼなくなったし、信教の自由も、政教分離も、差別撤廃も、基本的人権も、「国際社会の常識」になりつつある。

そして、この「国際社会」はやはり「西洋近代」由来のものであり、彼らが掲げた普遍的な「よりよい社会」という進歩主義の一つの成果なのだ。さらに、その近代西洋にそのような「普遍善」へ向かって進歩するという意識が生まれるようになったのは、「キリスト教」の特殊性がヨーロッパという生態系の中で進化してきたからにほかならない。

この進化を、「西洋近代」のイデオロギーは「蒙昧なキリスト教」に打ち勝った「科学精神・合理主義」として語り、あるいは蒙昧なカトリック教会から解放された「自由なプロテスタントの勝利」として歴史の文脈に位置づける必要があった。その文脈に合致する限りにおいて、イスラム教は、「蒙昧なキリスト教を超えたリベラルな精神」をもつとして寛容な側面がときに強調され、逆にあるときには「西洋近代の民主主義を理解できない蒙昧な宗教」という役割が与えられてきたりした。実際の歴史には、あらかじめ定められた文脈などないのだから、その文脈を支えるための固定された役割などあるはずがない。

考えてもみてほしい。食物連鎖の中で全ての生物がつながっているのと同じように、文明史という全体性においては、全ての文明が他の文明を何らかの糧にしているのである。ユマニスムにおける「進歩」とは、多様な文化や文明が、たまたま安定した社会で出会い、蓄積した智恵や技術を交換し合ったり何かを共に目指したりすることが可能な時にだけ起こるのである。

†科学技術の発達——古代文明のアラビア語への翻訳

文明の進歩を支える「科学技術」の形成を見ても、このことはよくわかる。前述したように、古代ギリシャ・ローマに蓄積されていた合理性を重んじる知性を、ローマ帝国の版図に広まったキリスト教が継承し、大規模な図書館を各地につくってきた。「キリスト教世界で失われていたアリストテレスを、アラビア語の翻訳のおかげで発見した」という「近代西洋史観」は明らかに誤っている。

五五五年に設立されたヴィヴァリウム図書館には、アウグスティヌスの神学書と共にプラトンやアリストテレスの著作があった。プトレマイオスも収められていた。アリストテレスの『魂について』は、キリスト教徒がイスラム世界に与え、シリアのキリスト教徒によってアラビア語に訳されたのだ。こうした翻訳作業はいつも強制されたわけではないだろう。

宗教や民族に関係なく、社会の繁栄と安定とがある場所に「知」は広がっていく。蛮族にいつ襲われるかわからない修道院からカリフの宮廷へ、孤島に閉ざされた修道院から世界中の商人が集まる大都市へと、好奇心に満ちた頭脳は流出していく。たまたまその力と可能性に気づく「名君」がいれば、そこはますます繁栄する。

キリスト教世界を発展させた『医学典範』という医学書がある。イスラムの哲学者・医学者のアヴィセンナ（九八〇―一〇三七、イブン・シーナー）の手によってまとめられたこの書物は、ギリシャ系医学を基本とし、ヒポクラテスやアリストテレスらの医学知識を集大成したものだ。まず医学の定義を説いたのち、人体の構造、器官の機能、病気の原因、治療法などの多岐にわたる点について詳しく論じたもので、一七世紀まで西ヨーロッパの医学の規準になった。この本に収められた知見は、ばらばらの形ではキリスト教世界ではすでに知られていたが、体系的にまとめられてはいなかった。それら散在した個別的な知見を、ある時期ある場所に居合わせた天才・アヴィセンナがまとめて加筆したものが『医学典範』なのだ（しかし、アヴィセンナは仕えていたブワイフ朝の宮廷からは追放された）。

コルドバ生まれのアヴェロエス（一一二六—一一九八、イブン・ルシュド）は、シーア派のアル・ファーラビーに影響され、アリストテレスの書を注釈したが、イスラム当局からは禁書扱いされて逃亡を余儀なくされた。彼のアリストテレス論は、ユダヤ人とキリスト教徒によって救われて訳されたからこそ後世に残ったのである。アル・ファーラビーは、シリアのキリスト教徒、ネストリウス派のキリスト教徒、ローマ・カトリック教徒、ダマスカスのユダヤ人に大いに影響を受けて、キケロやプラトン、アリストテレスを読み、折衷的な著作によって尊敬された。

†歴史はどこで動くのか

イスラム文明を経由して集大成されたのはギリシャ・ローマの知的遺産だけではなく、インド文明の知的遺産もイスラムという回路をつうじて同様に体系化された。ムハマンド・アル・ファザーリ（生没年不明）は八世紀に活躍したイスラムの数学者で、インドの数学や天文学の書物を翻訳し、その知見をイスラム世界に伝えたのである。

中世において、イスラムは新興勢力である。勢いのある新興勢力が、豊かな先行文化の海に投げ出されれば、新興勢力のなかの優秀な知性は他文化の思想や科学理論を集め、独自の視点で体系化し、その上に新しいものをつけ加える。

その時代や場所で使用可能なネットワークや情報装置や道具も、学者たちによる「体系化」や「総合化」という知的営みに大きく影響するのは言うまでもない。歴史の偶然が、イスラム世界で科学技術を体系化させたのである。

イスラムが去った後で、キリスト教世界が埋もれていたそれらの業績をさらに集めて有効利用したことは偶然ではない。イスラムに征服されていたイベリア半島やシチリア島ではとくに実りが豊かだった。そこに権力を兼ね備えた慧眼の士がたまたま居合わせるならば、歴史は動く。

トレド司教だったフランス人のベネディクト会士レーモン（一一二五—五二）はイベリア半島に残ったアラビア語文献を精力的に集め、片端からラテン語に翻訳させた。彼もまた、西洋近代の形成を担った一人だといえる。

シチリア島は、八二七年から九六五年までアラブ人に征服されたが、一一九四年からは神聖ローマ帝国の支配下に入った。この島は、一時は東ローマ帝国の中心地として栄え、オリエント文化とイスラム文化とキリスト教文化が混淆する宝の山になっていた。一二二〇年に神聖ローマ帝国の皇帝となったフリードリヒ二世（一一九四—一二五〇）は、その学識、科学観、合理主義によって名声をはせ、後に「最初の近代人」と呼ばれた。彼は宮廷で占星術師を徴用し、アリストテレス、福音書、コーラン、アヴェロエスなど全てを取り入れて、イスラム教徒からすら「物質主義者」だと批判された。モーセ、イエス、ムハンマドの三人が世界を騙したのだと述べて教皇を激怒させたが、制裁はされなかった。

多様な価値観や多様な文化が交差したり、ぶつかったり、融合したりする動きが常に繰り返される世界では、多くの偶然や幸運がブレイクスルーを導くことがある。それは「悪」に勝った「善」の物語でもないし、「蒙昧」を啓く「光明」の物語でもない。天の啓示をひたすら待つ無力な人間の話でもないし、天に導かれて正しく民を治める王の物語でもない。

呵責ない欲望や衝動の連続と、罪悪感や不安にかられた正当化の欲求と、諦めや忍耐や絶望と、義憤や抵抗や裏切りと、利己心や利他心や犠牲精神との間で常に揺れ動く人間が、迷い、訝りながら、時として雲間から現れる「普遍」や「愛」や「進歩」などの星を見つけた時に、想像力と創造力の櫂でヒューマニズムという名の小舟をこぎ出す物語なのである。

コラム② 二一世紀のカトリック

ローマ・カトリック教会というと、十字軍や異端審問の暗い過去があり、迷信的で、保守的で、古臭く、女性司祭を禁止したり、司祭の独身制にこだわったりと融通がきかず、モラルには頑迷で、と何かというと批判されている。

大御所で鷹揚だから、何を言っても冒瀆の罪で刺客を送られる心配はないし、かっこうのスケープゴートにもなるのだろう。世の中は一般的に「宗教離れ」していると思われがちだが、いざとなればカルト宗教や福音派と呼ばれるプロテスタントなどの方が、マーケティングもうまいし、生き難い世の中で救いを求める大衆の心を適確につかむこともある。それに対してカトリックは、「うちの神を信じないと救われない」とすなおに言う代わりに「信教の自由」と「人間の尊厳」のリスペクトを掲げる。世界で一番小さいヴァティカン市国にいるくせに、世界中の外交問題やモラルの問題に口を出しては批判されている。

けれども、一方では、世界の宗教者の共同の平和の祈りを組織して成功させているし（一九八七年にアッシジで最初の世界宗教者会議、ボスニア戦下の一九九一年、アメリカ同時多発テロの後の二〇〇二年一月と、平和の危機が訪れる度に世界の宗教者を集めた）、世界中から若者ばかり百万人も一都市に集めて親睦させるワールドユースデー（World Youth Day WYD）という行事を、もう四半世紀以上も成功させている。

ワールドユースデーの日程は一週間にわたり、毎日ショーやコンサートもあり、リュックを背負ってやってくる若者たちの表情は明るい。教皇がやってくると、まるでスーパーアイドルを前にしたかのように感涙を流す。それを見て若者たちが集団でマインド・コントロールされているのではないかと危惧する者が必ず出てくるし、セキュリティのために政府の負債が多い国で無駄な税金を使うと抗議する者も出てくる。二〇一一年の夏の終わりのマドリード大会は、ヨーロッパでは連日大きく報道された。

実際はどうかというと、やはり莫大な赤字をかかえるイギリスがロンドン・オリンピックを誘致し、フランスもサッカーのヨーロッパ大会開催のために大金をかけてスタジアムを改修する。大規模スポーツ大会でのセキュリティ予算は半端なものではない。それでもそれが歓迎されるのは、もちろん、それらを補って余りある経済効果が期待されるからだ。国の宣伝にもなる。だから、ワールドユースデーに特別、経済的な問題があるわけではない。それどころか、スポーツ大会ではサポーターがはめを外すことや、ナショナリズムの高揚が険悪で攻撃的な雰囲気を生むことさえある。それに比べると、ワールドユースデーの若者たちはみな実に機嫌よく楽しそうだ。二〇一一年の大会は、そのすぐ前にロンドンの若者の暴動事件が報道されたので余計に対照的だった。暴動を起こした若者たちは人々から警戒され、嫌われ、罰せられる。

ロンドンでは、社会に居場所が見つけられず不満を持つ移民二世らの若者たちが暴れ、マドリードでは世界中から集まった若者たちが、八〇を超えた老齢の「偉い人」である教皇に夢中になる。その差の理由は、ワールドユースデーの大会の「目的」を見るとわかるかもしれない。それは、「いっしょに集まること」「若者に信用を置くこと」「人間のレベル上で国際的な世界と出会うこと」の三つだとされている。つまり、この若者たちは、この高齢の教皇が彼らに寄せる「信頼」を受け入れて集まっているのだ。独身で高齢化する高位聖職者たちが、若者を愛しひたすら信頼するという図は意外でもある。

考えてみると、何かと批判の種になるカトリック司祭の独身制度にしても、今は非常に合理的に機能している。カトリックは司祭に、プロテスタントは聖書に、正教は伝統に、それぞれ宣教戦略の中心を置くと言われるが、その「司祭」が独身であることは、妻子を扶助する必要がないということだから、経費が抑えられ、比較的安上がりに中央集権が維持できる。宣教師を世界中に派遣するのも簡単だ。身軽で動きやすいし、いざとなればリスクを背負うこともできる。効率のいいグローバル企業のようなものである。もっとも、聖職者は独身であるから、組織に対して「一個人」でいられる。妻子への責任がないから意に反して組織に殉じる必要はない。いざとなればキリストと自分の関係に戻れる。リベラルな立場を貫くことも可能なのだ。企業側もモラルの維持が必要になるということである。

家族がいない独身の聖職者が人々の信頼を得やすいという心理はどこにでもある。販売物件情報を持ち歩いて個別訪問で商談しなければ成り立たない商売においては、フェイス・ツー・フェイスでしか伝わらない信憑性があるように、教育や社会福祉における独身司祭や修道士、修道女の活躍分野は大きい。魂の救済を扱う活動は、供給側は情報豊富なプロだが、需要側は一生に一回の経験で、情報の非対称性が大きい分野だ。だからこそ、詐欺に近いカルト宗教も横行し得るわけである。カトリック教会のようなリスクの少ないブランドの存在は、その防護にもなっている。

商売の比喩を続けると、アメリカ大陸に渡ったプロテスタントたちは、いわば、ヨーロッパという競争の激しい市場「レッドオーシャン（血で血を洗う競争の激しい事業領域)」から逃げてきて、「競争のない未開の大市場（＝ブルーオーシャン）」を求めたようなものだ。そこでも、あっという間に多文化多宗派が集まりシェア争いが始まった。

　これに対して、カトリック教会の方は、レッドオーシャンから身を引いて、ヴァティカンという競争相手のいない最小の島に引き上げ、そこから世界中に、独身で自由で身軽な漁師たちを派遣しているというわけである。

　同じことを生態学にたとえれば、カトリック教会は、一つの種だけが利用する環境要因であるニッチ（生態的地位）であるヴァティカンに根をはりつつ、実は世界各地で、「適応放散」を図っているとも言える。それぞれの環境に適応するインカルチュレーションの方針がそれに相当する。逆に、まったくキリスト教文化のルーツがない国においても、同じ理念を採用さえすれば、収斂進化《しゅうれんしんか》を起こして、本家に似通ってくる。それが多様性の世界における普遍理念の強みにもなるのだ。

　もっとも、生物世界には、攻撃を受けることを避けるための隠蔽擬態《いんぺいぎたい》や、逆に敵に気づかれずに攻撃するための攻撃擬態などというものもあるから、「理念の共有」が本物かどうかは、確実ではない。

　現代の非キリスト教国が掲げている、民主主義や基本的人権や平和主義などの理念も「擬態」でなければいいのだが。

第三章 「政教分離」と「市民社会」の二つの型《タイプ》

†宗教戦争の様相

政治と宗教の権威が分離されている「政教分離」社会の歴史は浅い。そのなかで、いわゆる「欧米型」キリスト教社会の「政教分離」の歴史は、「人間を超越した権威」の名によって人間を支配する政治システムから、人間を解放する闘いとして描くことができるだろう。

けれども、その闘いの「戦果」には、政教分離のタイプを分けることになった二種類のものがある。その二つを分ける要因は、端的にいえば宗教戦争の終結のし方に求めることができる。ヨーロッパにおける宗教戦争というのは、旧ローマ帝国の版図に、北から移動してきたゲルマン民族たちがキリスト教を取り入れることで共通の文化圏を作り上げて形成してきたヨーロッパが、やがて、そのルーツでもあり封建領主でもあったローマ・カトリック教会から分離していく一過程だった。一六世紀から一七世紀にかけて生じた宗教戦争は、ヨーロッパ中を分断しそうなほど熾烈をきわめた。

宗教戦争を経て、カトリックとプロテスタントの争いは一応の落着をみせた。だが、一七世紀の段階では、まだ政教分離という形で落ち着いたわけではなく、カトリックとプロテスタントの棲み分けという形となった。

カトリックとプロテスタントの棲み分けは、具体的には以下のように行われた。ローマ・カトリックのホーム・グラウンドであるイタリアはカトリックのまま。イベリア半島も、一五世紀末に達成されたカトリック王によるレコンキスタによってカトリック陣営が強力だったため、カトリック圏に留まった。一〇世紀以来神聖ローマ帝国皇帝を選挙で選んできたオーストリアからドイツ、中欧に及ぶ地域は、ハプスブルク家がカトリックを維持し、他の領邦国家はカトリック公とプロテスタント公とに分かれた。一六四八年のウェストファリア条約以来、各国の領主の帰依した宗派が国の宗教となり、他の宗派の信者たちは、改宗か移住をすることで棲み分けを維持した。

イギリスとフランスの宗教戦争の終結の仕方は、これらの国とは異なっていた。その差が、それからの両国の「アングロ・サクソン型」と「大陸型」との差を生み、そこから続く近代と、アメリカへと引き継がれて、二一世紀に至るまでの根深い断絶につながるのである。

　ともに絶対王権下にあったイギリスとフランスでは、どちらの王も、宗教的権威のトップに立つカトリック教会と拮抗しようとしてきた。ヨーロッパ中をネットワーク化している教区と司教区と修道会を束ねるローマ教皇に対抗するには、主に三つの方法が考えられる。国内の司教や修道会長の任命権を獲得して血縁者にそれを委任するか、ローマ教会と断絶して国内のインフラをそのまま流用して王が「国教会」の長となるか、あるいは、教会の財産を没収して市民宗教を作るか、である。

　フランスは最初の方法を選んだ。つまり、司教の任命権を得ることでガリア教会（注 カトリック教会が大分裂を起こした一三世紀末から教皇と公会議が対立するようになったのに便乗するように、フランスはシャルル七世以来、フランス教会への権利を拡大し、宗教改革の始まる一六世紀初めにはボローニャの公会議（一五一六）でガリア教会主義の特権を強化していた）の自律性を確保しようとした。

　イギリス王は二番目の方法を選んだ。つまり、ローマ教皇に破門されて国教会を興したのである。したがって、イギリスの国教会系に属する聖公会は、教義や典礼的にはカトリック教会と大きな違いはない。イギリスのなかで、カトリック教会にプロテストする形で生まれた宗教「改革」派のプロテスタントらは、その過激度に応じてイギリスの国教会からも結局は弾圧された。ピューリタンたちが新天地を求めて新大陸に渡ったのはそのためだ。国教会と対立したピューリタンとは対照的に、カトリックの場合は、ローマ教会への帰属以外に大きな教義上の対立がなかったため、初期の政治的な熾烈な争いの時期を過ぎると、公職にはつけないなどの制限があったものの、ある種の共存が図られていた。

†イギリスの市民革命における宗教対立

イギリスの「近代」の幕開けとなる市民革命は、フランス革命より一世紀も前に始まった。ピューリタン革命という内乱によって王制が廃止され、最初の共和制が一六四二年に成立したのだ。第二章でも言及したが、イギリスの市民革命の経緯について、政教分離の観点からまとめてみよう。

そもそもイギリスにおいては、カトリック教会との断絶はすでに一五三四年になされていた。だが、スチュアート朝のジェームズ一世（在位一六〇三―二五）が「王権神授説」を唱えて議会よりも神権政治を主張したことから、宗教をどう扱うかをめぐって議会とのあいだで論争の火種が生まれたのだ。さらに、次のチャールズ一世の代に、スコッドランドのカルヴィン派（こちらはルター派と並んで生粋のプロテスタントだ）を国教会に改宗させようとしたために反乱がおこった。議会派と王党派、長老派（プロテスタントの一元化を標榜する）と独立派の争いともなり、一六四九年に王は処刑され、共和制が開始されたわけである。その後、対オランダ戦争などを経て軍事政権に移行した後で、議会が王政復古（一六六〇）を決定した。

問題は、王政復古がなされたと同時に、チャールズ二世の跡を継ぐためにオランダから戻って即位した弟のジェームズ二世（一六三三―一七〇一）が、カトリック信徒であったことだ。ジェームズ二世の母はフランスのアンリ四世（一五五三―一六一〇）とマリー・ド・メディシスの娘であるカトリックのヘンリエッタである。ジェームズ二世自身もフランスに亡命し、カトリックに改宗していた。彼の戴冠は、フランスの絶対王権の頂点に立ったルイ一四世の親政と同じ年にあたる。二人は従兄同士でもあった。

アンリ４世　信仰の平和共存をうたった「ナントの勅令」を公布。伝ジャコブ＝ブネル筆。

また、この二人の共通の祖父であるアンリ四世こそは、プロテスタントからカトリックに改宗してフランスの宗教戦争を終結させた功労者であり、信仰の自由を認める「ナントの勅令」（一五九八）の発布者であった。ところが、ルイ一四世は、一六八五年に、ナントの勅令を廃止して信教の自由を白紙化し、国教としてカトリックを選定した。

その二年後の一六八七年に、イギリスのジェームズ二世は、国教会の信徒たちを国家の要職から排除しはじめ、「信仰自由宣言」を発してカトリックおよび非国教会プロテスタントへの制限・処罰を解除した。

イギリス議会の目から見ると、それが「カトリック王＝絶対王政」への回帰と映ったのは当然だった。一六八九年、議会は、ジェームズ二世の娘メアリーとその夫ウィリアムを共同統治者に任命してジェームズ二世の廃位を求めた。これが名誉革命だ。フランス革命のちょうど百年前のことである。

この時、今も継承される「権利の章典」が制定される。これによりイギリスは立憲君主国となるわけだが、「権利の章典」には「カトリック教徒は王になれない」との一文があって、その条文は二一世紀まで生きていた。つまり、イギリスは、完全な政教分離国ではないわけだ。

信教の自由は認められたが、カトリック信者は公職、顕職につけないなどの制限は実に一八二九年まで続き、ピューリタンの新大陸への入植による人口流出も続いた。

†宗派の縛りは弱まる

イギリスにおけるカトリックと国教会の微妙な距離感は今も残っている。新しいところでは、ブレア元首相の夫人が熱心なカトリックで、ブレアは現役当時は国教である聖公会に留まっていたが、引退してすぐにカトリックに改宗したという事実などからもうかがえる。公職、顕職にある人間の帰属宗教は今でも政治的にはデリケートな問題だということだ。

現在ヨーロッパに残る他の王室は、モナコの大公、ベルギーの王室がカトリックで、二〇一一年に結婚した大公妃はカトリックに改宗した。ルター派が国教であるデンマークでは、女王と結婚したフランス人貴族がカトリックからルター派に改宗したという逆のケースもある。プロテスタント国オランダの皇太子妃は、子供のプロテスタント教育を条件にしてカトリックであるまま結婚した。

このように宗派の差異が問題になることがあるとはいえ、ヨーロッパでは事実上、宗派の縛りが弱くなっているのは明らかだ。その傾向は、スウェーデンが二一世紀を境に国教を廃止したことにも顕著にあらわれている。王室の婚礼という宗教的なセレモニーに、他の宗派の王室代表が違和感なく参加していることから推して知られるように、ヨーロッパ連合が拡大して軍事的な対立から脱した二一世紀のヨーロッパ諸国の首長にとっては、キリスト教内の宗派の違いは、今や同じ系列の社交クラブの支部の違いのようになりつつある。

†ナントの勅令と「信仰の自由」

話を宗教戦争の時代に戻そう。一五六二年にいわゆるユグノー戦争が始まった。カトリックもプロテスタントも、互いに互いを無神論者だと罵り合い、激しい戦いが繰り広げられた。さまざまな陰謀や虐殺がギーズ公アンリやカトリーヌ・ド・メディシスによって実行された。

この頃の、カトリックとプロテスタントの「殺し合い」は、基本的に「内乱」である。宗教戦争以前においては、異端審問にも手続きが重んじられ、カトリック教会の制度的な枠組みが機能していた。たとえば、一四世紀初頭に国王フィリップ四世（一二六八―一三一四、通称は「美王」ル・ベル）がテンプル会士に加えた弾圧においても、異端審問の形式が形骸化していたとはいえ、ローマ教会の正統性にもとづいて処刑が行われた。

テンプル会は、フランスのシャンパーニュ騎士ユーグを創立者とし、十字軍の主力として活躍した騎士修道会である。各国の王侯の寄進によって莫大な財産を有し、金融業を営み、フランス王家の財政を委託管理していた。フィリップ四世はこのテンプル会に着目し、この騎士団に異端の嫌疑を加えて解散させ、その所領や財産を没収し、国王の財庫を豊かにしようと図り、団長ジャック・ド・モレー以下の会士は異端として火刑に処された。その際、形式的にとはいえ異端審問が行われ、異端を宣告されてから処刑された。「後づけ」とはいえ、ブルジョワや司教たちの大政翼賛の形も整えている。

けれども、一六世紀の宗教戦争においては、手続き的な正統性などはまったく顧みられることはなく、それは単なる「殺し合い」でしかなかった。すでに殺戮の「お墨付き」を与えてくれるはずのローマ教会そのものの正統性が否定されているのだから、正当化の手続きはもはや必要なかったのである（ちなみに、カトリック教会の悪名高い「異端審問」とは、利害関係のない第三者による告発に基づいて、「審問官」が独自に調査し裁定するという形式をとられていた。フランスなどの裁判制度はまだこのタイプのものを継承している。この後で派生したアメリカ型は、告発タイプであり、告発者と弁護側の双方に調査の権限があり、その両者が対決するものだ。カトリック内での異端排斥は唯一の「真実」を掲げた権威がそれを強弁するものとなっていたが、「共通善」を想定することなく互いが互いを告発しあって刑を執行する宗教戦争以来、「告発タイプ」のような新しいタイプの「裁き」方が登場したわけである）。

このような、宗教の名を借りた血まみれの権力争いの日々に、プロテスタントの母を持っていたブルボン家のアンリは子供の時から、カトリックに改宗したり破門されたり、何度も両派の間を行き来せざるを得なかった。そのアンリが一五八九年にアンリ四世として即位した時、彼は王国の平和と戦争終結のためにカトリックに再改宗し、一五九八年の「ナントの勅令」によって、信仰の自由（税の制限はあった）を保証し、それと同時にユグノーに対して職業の機会均等をも約束したのだ。

その時にアンリ四世がすべての国民のアイデンティティとして強調したのが、「市民」という概念だった。彼は、カトリックもユグノーもユダヤ人も、教会から破門された無神論者ですら「市民」というカテゴリーに含み込んだ。都市ではこうした市民たちが、多数決によって都市生活を運営するなど、個人の信仰に優先する市民の権利義務を認める共存という習慣を形成していくのである。

プロテスタントを容認したことで、外交的にも進展する。ドイツのプロテスタント国と同盟関係を持つことが可能になったからだ。そのおかげでフランスは、当時オーストリアやスペインに広大な勢力を持っていたカトリックのハプスブルク王朝による脅威から身を守ることに成功し、ハプスブルク家との衝突を回避したことによって体力を蓄積することが可能になった。やがてルイ一四世が一六六一年に親政を開始すると、その時分には絶対王政の実力を十分に蓄えていたので、彼はプロテスタント国との同盟を必要としなくなっていた。

竜騎兵によるプロテスタントの迫害と強制改宗などを経た後、フランスでは一六八五年にナントの勅令が廃止された。改宗することなくフランスに残っていたカルヴァン派の信者は、オランダ、イギリス、ドイツ、スイスなどへと亡命していった。こうしてアンリ四世のナントの勅令によってもたらされた「信教の自由」の萌芽は摘み取られたのである。

むろん実際には、ルイ一三世の時代にもカルヴァン派プロテスタントのユグノー教徒が反乱をおこし、その制圧が国家によってなされたわけであり、「ナントの勅令」が掲げた大義は百年足らずしかもたなかったわけであるが、それでも、その百年がフランスに与えた影響は途方もなく大きい。この百年の間に彼らは「宗教の違いに優先する市民精神」を味わい、形成してきたからである。この百年足らずの「信仰の自由」の時代をフランスが経験しなかったとしたら、「ナントの勅令廃止」の後で、やはり百年足らずしてフランス革命が起こることはなかっただろう。

†フランス革命とキリスト教——共和国主義の普遍理念

一七八九年に起きたフランス革命は、最初から「宗教」を否定することを企図したものではなかった。一七九〇年に僧侶世俗法が制定され、フランス国内の聖職者たちを軍人と同じように、公務員として取り込み、国家への忠誠を誓わせることになった。それを拒否した「非宣誓派」の聖職者たちはギロチン台の上でことごとく処刑された。これはカトリック的には「殉教」だ。それまで共和国理念に共感していた王や貴族たちが革命派から離反していき、やがて国王も処刑される。

恐怖政治の分裂の後に、フランスにはナポレオンという軍事的な天才が現れ、もう一度国家の統一を果たす。一八〇一年、ナポレオンは教皇ピウス七世（在位一八〇〇―二三）と和親条約（コンコルダ。この条約は今でもアルザス・ロレーヌの三県には生きている。一九〇五年に政教分離法が成立した時にはドイツ領だったからだ）を結び一七条の合意がなされたが、本書の観点から重要なのはつぎの三点である。

①フランスのマジョリティ宗教はローマ・カトリックであること。
②「国教」ではないが、国内の司教の任命にはフランス元首と教皇の領邦の承認を必要とすること。
③聖職者は国に忠誠を誓い国は給料を支払うこと。

その後フランスは、ナポレオンの帝政や王政復古や第二帝政などを経て、「共和国」理念の実現を模索し、試行錯誤を重ねていく。

フランスの市民革命の最初の原則は、網の目のようにフランス全土に張りめぐらされていたカトリック教会のネットワークを、すべて「共和国」のものに置き換えることだった。このことが意味するのは、教会が行っていた冠婚葬祭、修道会による教育、地域の信心会による互助保険、職業組合の兄弟団、無料施療所、養育院など、従来はキリスト教が担っていた「社会福祉」のシステムをすべて共和国が引き継ぐことに他ならない。

中世に誕生した信心会は、都市住民のデラシネ（根を失った者）の意識と深く関わりをもっている。信心会は、出自や性別にかかわりなく入会できるものが多く、都市社会の互助組織として機能していた。また、乳児洗礼における代父代母の制度は、両親が亡くなった場合の子供の養育を保証していた。一七世紀には、在俗の女子活動修道会も生まれていて、都市の一人暮らしの老人や病者の訪問介護、貧者の救済などに活躍していた。フランス革命以前には、こうしたさまざまな形態の団体が存立し、都市住民のネットワークとして機能していたのである。

「共和国」はそれらすべてのネットワークを「世俗化」した。市役所に結婚式ホールを設け、市役所で市民洗礼を行い、宗教抜きの代父代母の選択も可能にした。フランスで今でも社会福祉が発達していて公教育が共和国主義の聖域となっているのも、この時代に選択した基本路線にこだわらざるを得ないがゆえの伝統だといえるだろう。

すなわち、フランスにおける政教分離は、それまでカトリック教会が一手に担っていたネットワークや社会運動から宗教のレッテルを外し、それらを政府がそのまま継承し、カトリック教会が独占していた利権システムを解消または吸収したものとなった。言い換えるならば、政治とカトリック教会を分離したが、その代わりに「共和国主義」以外の別の宗教をすげ替えることはしなかったのだ。

そのおかげで、その後数世紀にわたる確執を経ながら、フランスの政教分離は、「横割り二層型」になった。すなわち、「公共空間」における「宗教のレッテル外し」を各宗教が認め、宗教行為（あるいは宗教否定行為）と宗教的な信条はともに「私的空間」に追いやられたわけである。このことこそが共和国主義の「普遍性」の本質である。たとえ「私的空間」であったとしても、その空間が異なる信条を持つ人びとからなる共同体に属しているのであれば、個人的な信条にもとづいたふるまいをすることは許されない。共同体のマジョリティが多数の力でみずからの主義をマイノリティに押し付けることは禁止され、もしそのような事態が生じた場合には、国家が「共和国主義」の普遍理念の名のもとに介入できるという伝統がある。

たとえば、過半数の住民がユダヤ人である集合住宅で、自治会の協議により、ユダヤの安息日である土曜日にエレベーターを止めるという決定をした例がある。そこに一人でも、その安息日に縛られない人が住んでいて異を唱えれば、国がその決定を無効にするといった判例が存在するのだ。つまり、集合住宅内の規則自体は私的空間に関することではあるが、エレベーターのような共有部分においての公共性は、自治会内の「多数決」よりも優先されるということだ。

「民主主義」の概念には「多数決」に従う、というものがあるが、フランスを含めた、「カトリック否定型」の近代を作ってきた国の大きな特徴は、「多数決」よりも「普遍理念」が優先される普遍主義にある。この場合の「普遍」とは、「マジョリテイ」宗教を否定するという選択をした歴史から生まれたものなのだ。だからこそ、この原則が、私的空間に属するコミュニティの内部にまで適用されるわけだ。

†アメリカ型の政教分離

では、アメリカはどうだろう。

アメリカという国家は、ヨーロッパでマジョリティをしめるカトリック国家や、そのヴァリエーションとして国教会をもつイギリスと比べてみると、あきらかに異質である。アメリカの近代国家としての「建国」の成り立ちからも明らかなことは、イギリス国教会から迫害されたマイノリティであるピューリタンの男たちによって「開拓」された「新天地」である。厳しい大自然や先住民との戦いはあったものの、いわゆる既成の利権システムなどは存在しない世界だった。建国の核となったのは、WASPと呼ばれる白人アングロサクソン・プロテスタント（しかも額に汗して、あるいは手に銃を持って「開拓」を進めた父親たち）という、宗教的なレッテルと強固に結びついた同質的な共同体だ。

アメリカの独立戦争はフランスによって支援された。若きラ・ファイエットのように、自費で軍隊を組織してまで情熱をかけて戦った者もいた。ひとつには、ルイ一五世時代に英仏植民地戦争（一七五四―六三）に敗れて北米での領土を大方失ったフランスによる、イギリスへの報復代理戦争のような面があった。アメリカは一七七六年の独立宣言によって基本的人権と革命権とをうたいあげるが、この精神は、同時代のフランスの啓蒙主義と通底するものだった。フランス革命に先立つこと一三年であるが、これはフランスがまだ絶対王政で民衆の不満が沸点に達していなかった、というわけではない。一六世紀の宗教戦争、一七世紀イギリスの市民革命などを経て、法の支配や、信教の自由という、啓蒙思想が発展し、伝統権威を否定する新しい制度への理論基盤はすでに確固たるものとなっていた。

独立宣言を起草したトマス・ジェファーソン（一七四三―一八二六）は古典語にもフランス語にも達者で、初代の在仏アメリカ大使として渡仏している。モンテスキューの三権分立論にも影響を受けていた。全ての人間は平等であり、生命、自由、幸福の追求を不可侵とする「自然権」を持つとする独立宣言の前文はジョン・ロックの自然法理論の流れをくむもので、フランス革命の人権宣言にも反映されている。

しかし、いったん独立を果たした後のアメリカにとって、そのアイデンティティの核にあるのはWASPのそれである。アメリカは神の国であり、アメリカの社会でリーダーシップをとることは、「アメリカの神」を掲げ、神の名によってアメリカを祝福することでもある。アメリカの政教分離を語る時に、「国という家の扉から追い出された神々が窓から舞い戻って来た」と揶揄されることがあるように、アメリカでは、その後、政教分離を「縦割り」にして、宗教は公的生活の「両輪」の一つとなる。政治家が所属教会を明らかにし、日曜のミサに出ることは社会性と道徳性の証明にもなっている。

アメリカでも、理念としては、政治と宗教を分離し、棲み分けられるはずだった。しかし政治家の言説には常に「神」の名が持ち出された。プロテスタントが優位であるモザイク社会のアメリカでは、漠然とした「神」に多くの人がそれぞれ、「自分たちの神」を投影することができたのだ。歴代の大統領の中で「神」を封印して、公教育の場から十字架や祈りなどのキリスト教シンボルを撤廃したのは、最初のカトリック大統領であるアイルランド系のケネディだった。アメリカの国益とヴァティカンとが対立すればどちらを選ぶのかと迫るまでの執拗な追及にさらされていたケネディは、アメリカの政治に、フランスの「横割り二層型」の政教分離を持ちこもうとした。(上図)

政教分離の２つの型

しかし、ケネディの時代は暗殺によって早く幕を閉じ、その後に起こったウォーターゲート事件に続いて、「神に誓って正直であること」へのピューリタン的反動が起こり、南部バプテスト派の牧師でもあったカーター大統領が再び「キリスト教」の言説を政治の場に持ち込んだ。これは、二一世紀にはいってからも、ブッシュ大統領による十字軍発言やオバマ大統領の登場に託せられた「救世主」願望にまで、ずっと途切れずに続いている。

†ヨーロッパとイスラム系植民地の関係

政教分離という概念は、ユダヤ＝キリスト教から生まれた。政教分離の根拠となったのは、福音書のある記述に由来する。皇帝に税金を納めるのは律法にかなっているかどうかと問われたイエスが、銀貨にある皇帝の肖像と銘を見せて、「皇帝のものは皇帝に、神のものは神に返しなさい」（マルコ　一二・一七）と答えたというものだ。当時のローマ帝国は高度に発達したローマ法が機能しており、その領内で生まれたキリスト教は、独自の法体系を作ることなく、世俗の部分では「郷に入れば郷に従え」の精神で発展していったのである。初期のキリスト教においては法律と宗教が棲み分ける形で地歩を固め、いわば法教分離といえるものである。

そのキリスト教が国教化し（三八〇）、ローマ・カトリックがヨーロッパ全域の支配宗教となった後、皇帝が裸足で法王に謝罪した「カノッサの屈辱」事件（一〇七七）や、ローマ法王がフランス王の使節に殴られて憤死した「アナーニ事件」（一三〇三）など、世俗の王と教会の長の過酷な利害争いを経て、ついに、「政治の次元からカトリック教会を切り離す」という形で近代の政教分離が生まれた。その時に根拠とされたのがイエスの唱えた政教分離であり、キリスト教世界は、宗教的アイデンティティを手放すことなく政治的権威を独立させることに成功したのだ。

そのような「政教分離」のバランスをある程度維持できていた近代キリスト教社会において「想定外」だったのが、旧植民地である北アフリカを中心とするイスラム国からの大量の移民の流入だった。フランスのような「政教分離」先進国では、査証その他、一切の統計に宗教や人種の記載項目がないから、移民対策のすべては、公教育による「共和国主義」の徹底による移民同化統合政策に一任された。しかし、その成立において法律と宗教が一体化しているイスラムの伝統（ラマダン、イスラム・スカーフ、公立学校食や公立病院食にまで至る食べ物の制限、日に五度の祈り、日曜日の労働など）を守る人たちは、次第に公共の場での差異を可視化していった。

イスラム教が生まれたのは七世紀であるが、それ以前のアラビアではいろいろな部族が割拠していて成文化された法律がなかった。ユダヤ人共同体の持つ律法や、キリスト教共同体の持つ聖書という「文明のシンボル」が欠けていた彼らにとって、同じ一神教の最新の啓示がアラビア語で与えられたことは待望の出来事だったと言える。だからこそ、いったんコーランとハディース（ムハンマドの言行録）からなる法体系ができた後では、その法（シャリーア）のもとで団結し、それを守るために国土をあっという間に広げてイスラムに基づく新秩序を打ち立てることができたのだ。

版図が広がるとともに、イスラム国家は、ギリシャ・ローマ文化や古代オリエント文化の事実上の継承者となった。産業革命を経たキリスト教国によって植民地化されたり支配されたりする以前には軍事的にも優勢であった。「社会が安定しているところでは宗教の差異は許容範囲内のノイズとして看過される」という現象が起こり、イスラム圏内ではキリスト教徒やユダヤ教徒のコミュニティが共存している時もあった。

力関係の均衡が破れ、旧植民地国＝低開発国＝非近代国からの移民労働者としてヨーロッパにやってきたムスリムが、「宗教の差異」を強調するのは当然予測されたことであったのだが、キリスト教との「政教分離」の均衡をようやく打ち立てたばかりのヨーロッパ諸国にとっては、それが「想定外」の難問となったのである。

†日本の政教分離

ここで、以上のような事情を念頭に置いて、日本の政教分離を見てみよう。

明治維新に先だって欧米を視察した福澤諭吉は『西洋事情』の中でアメリカの独立宣言を訳し、「天は人の上に人を造らず」を唱える啓蒙書『学問のすすめ』を著した。この時に「創造主」は「天」として訳され、日本人に違和感を与えなかった。

第二次大戦後に国家神道を捨てた日本は、国教を廃し、基本的人権を掲げた日本国憲法を公布した（第十三条　すべて国民は、個人として尊重される。生命、自由及び幸福追求に対する国民の権利については、公共の福祉に反しない限り、立法その他の国政の上で、最大の尊重を必要とする）。イギリスに倣って天皇を元首とする立憲君主制を維持しながら、フランス・アメリカ型の完全政教分離の立場をとったのだが、前述したように政教分離のあり方は多様であり、イギリス型もアメリカ型もフランス型も実情はまったく違っている。

日本の社会では江戸時代に檀家制度が整えられ、仏教の檀那寺制度のネットワークが広く張りめぐらされていた。この制度により、寺が檀家の葬祭供養を独占的に行っていた。檀那寺が個人ごとに請判をすることが定められ、自分の寺に所属する檀家の書上を領主に提出することも義務づけられていた。また、檀家に対して檀那寺への参詣、父母の忌日の法要、盆彼岸の寺参りなどが義務とされ、さまざまな名目で経済的な負担を強いられた。

明治時代に天皇を中心とする国家神道が形成され、それに伴って廃仏毀釈が進められた。といっても、檀家制度廃止後も寺が葬式法要の儀礼をとり行うことが慣習とされていた。

葬式法要を一元的に管理する宗教ネットワークが存立したという意味では、日本はカトリック一色だったフランスと似ているのだ。では、日本では仏教がさまざまな宗派に分かれていたのだから、唯一の首長を戴くカトリック国よりも、アメリカのようなさまざまなプロテスタント宗派が共存する国により近いのだと思われるかもしれないが、実はそうでもない。

アメリカでは「建国」そのものが宗教的文脈の中に位置づけられていたが、日本における渡来宗教の仏教は、鎮護国家宗教として最初から政治のツールになってきた。したがって、日本で仏教に与えられた位置づけは、ローマ・カトリックを飼いならして利用しようとしたフランスの歴代王にとってのカトリックの位置づけとさして変わらない。

日本において、仏教各宗派の分派抗争がいわゆる宗教戦争のような内乱につながらなかったことも、日本の特殊例ではない。戦乱のなくなった江戸時代においては、宗派への帰属が、家や墓の属するユニットだと見なされた。離檀することは寺側から禁じられていたとはいえ、養子縁組や婚姻によって檀那寺を変えることができた。このことは、社会が安定さえしていれば、民衆にとって教義や典礼の違いはそれ自体では争いの種にはならないという事実を物語っている。

宗教や宗派の違いが人間同士の争いの火種となるのは、そこに経済的・政治的要素が絡んできたり、権力者や狂信者によって他宗派の信者が攻撃されたり権利を侵害されたりという事態に立ち至ったときである。言い換えると、政治的・経済的に安定し成熟した社会においては、マイノリティ宗教や新宗教や渡来宗教など、いくら出てこようと、許容範囲内のノイズでしかない。他宗派や他宗教の教義や典礼と自分の宗教の教義や典礼とをすり合わせて真偽や優劣を問うことなど誰もしない。そのような社会において「他の宗教」に関心を持つとしたら、そこに「ご利益」がありそうかどうかということだけであり、宗教ショッピングに近い心理は広く見られることである。

だからこそ、古代ローマ時代には、ローマの神々はギリシャの神々と習合したし、エジプトや中東からもたらされた異教の神々も並列してパンテオンに祀られた。日本でも、平和な時代には仏教の如来や観音や神道の神、道教の神、郷土神などがさまざまな形で統合されたり習合したり共存していた。多くの民衆信仰の実態は、「教義」とは関係のないところにあった。それは共同体の結束に必要な枠組みであり、供物とご利益の間のコストパフォーマンスのバランスでもある。

言い換えると、国家や権力者や個人において、災害や飢饉や戦争や老いや病や死による興亡といった「不可抗力」を前に神頼みする「供物とご利益との関係」がそれぞれの宗教内でばらばらに機能している限りは、宗教や宗派間に、教義の違いなどを原因とする直接の争いは生まれない。

コラム③　フランスのライシテの意外な緩さ

フランスの政教分離（ライシテ laïcité）法というと、近代革命後も根強い勢力を持っていたカトリック教会を牽制し切り離すためにつくられた「無神論的反教権主義」のイデオロギー政策の代表のようだが、実際は、時とともにそのニュアンスを変えている。

政教分離を明確にした一九〇五年法そのものの中では、一度もライシテという言葉は使われていない。一九五八年の第五共和国憲法の中に、共和国はライック（laïque）であるという形容詞が出てくるだけである。ライックは聖職者に対する世俗の立場にある信者のことも指す言葉で「聖」に対する「俗」の関係にある。

ライシテ法に造詣の深い九〇歳の社会学者エミール・プラ（『France chrétienne, France laïque（DDB）』、『Scruter la loi de 1905. La République française et la religeon（Fayard）』）は、ライシテとは、「全ての人にとっての信教の公的な自由」だと考える。そ

れは、「私はあなたが考えたり言ったりしたりすることに同意するのを強制されることなく、あなたの信教の絶対的な自由を認めます。そしてあなたからの同じ容認を期待します」という意味で、言い換えると、「誰でも、信じることや信じないこと、その選択を公に表現することについて自由である」ということだ。「宗教の自由」とは敢えて言わない。宗教行為の自由は、信教の自由の「結果」だからだ。ちょうど一八八一年に無償で世俗の公教育がスタートした時に、「宗教を廃する」とは明言せずに、当然の帰結として公教要理の授業がカリキュラムから姿を消したことと同じである。

これを適用するなら、今のフランスにどんなにイスラム教徒が増えて自分たちの権利を要求しようと、彼らが他の宗教の自由を侵害しない限り問題は起こらないはずだ。フランスのムスリムは都市の公道で集団の祈りを捧げることが一部で問題になっているのだが、全ての市民に宗教活動を保証するのも一九〇五年法のうちなのだから、祈りの場を提供しない国の責任でもあることになる。一九〇五年法は国に宗教施設建設を禁じているわけではない。第二条が禁じているのは宗教機関を国が金銭的に助成することだが、一九条では、「公共の宗教活動に使われる建物の修復に供される金は助成金とはみなされない」とする。そもそもこの法律は、まず大原則を掲げた後で、例外を付け加えるという構造を持っていて、国家が宗教に対して予算を与えてもいい「例外事項」は少しずつ増えている。一九四二年、ドイツ占領下だったヴィシー政権のペタン元帥は、一九〇五年以降に建てられた教会や個人所有の土地内の教会についてもその例外を拡大し、一九四四年にはド・ゴール将軍がこれを認めた。

すなわち、国がムスリム市民のためにモスクを建設するなら、そこに「公共の宗教活動に使われる建物の建設に供される金は助成金とはみなされない」と付け加えればいいのだ。実は、この一九〇五年法は、明言された一三度の修正の他に、三七度も修正を加えられているが、常に、最初の大原則を緩和する方向のものばかりだという。

そもそも、この法律ができた時に、議会は、ナポレオンがローマ教皇と締結した和親条約を破棄しようと考えていた。フランス中にある教会に対する、維持義務や修繕義務から逃れたかったからだ。しかし、議員の多くが出身自治体の市長でもあったので、地元の教区司祭と対立するのを避けたのである。もっとも、今は司祭の高齢化と司祭数の減少にともなって、複数の小教区が統合される地方が多くなったので、維持費のかかる教会を売りに出す自治体も少なくない。その多くは文化財として外見を変更できないので、ホテルや図書館や展示場として再利用されるが、買い手のつかぬまま傷みがひどくなっていく教会も少なくない。だからといって簡単にモスクへと転用するわけにもいかず、宗教建築のリサイクルの道は、なかなか険しいようである。

第四章　自由と民主主義の二つの型

†「自由」の二つの型

前章では〈近代〉の指標のひとつである政教分離について、その歴史と多様性を概観してみた。本章では、同様に「近代」の指標である「自由主義」と「民主主義」について、宗教戦争以降にカトリック国とプロテスタント国のあいだでどのような差異が生まれたのかについて見ていこう。

西洋近代の文脈における「自由」とは、キリスト教の中心概念のひとつである。キリスト教が成立した古代において、「自由」の概念とは、奴隷の身分に対する自由の身分というほどのものであった。ナザレのイエスが生まれた頃のユダヤ社会では、律法遵守が形だけ強制されていて、形骸化かつ慣習化されていた。それを批判して、イエスは、律法の元となる精神に立ち返って、何が最も本質的であるのかを考え、律法原理主義から解放されて生きることに「自由」という名を与えた。奴隷という身分でなく律法主義のとらわれの状態からの解放が「自由」の意味となったのだ。

イエスが掲げた「自由」のさらなる特徴は、「あなたたちは真理を知り、真理はあなたたちを自由にする」（ヨハネ　八章三二節）というイエスの言葉に顕著に表れるように、自由でない状態を、「身体や生活様式の束縛」というだけではなく、「真理を知らない状態」であると位置づけているところだ。この考え方は、そのままヨーロッパ世界における「啓蒙」の精神に受け継がれていった。人は、無知蒙昧の状態に光を投げかけられて真理に近づくことで無知の闇から「解放」されるのである。奴隷状態からの解放や、伝統遵守主義からの解放には、まず、「真理」を知ることによる精神の解放が必要だというわけだ。精神の解放のないところでは、人は奴隷状態に甘んじるし、たとえ奴隷状態から解放されたとしても、真に自由にはなれないのである。

また、キリスト教の基礎を築いたパウロは「キリストは、自由を得させるために、私たちを解放してくださいました。ですから、あなたがたは、しっかり立って、またと奴隷のくびきを負わせられないようにしなさい」（ガラテヤ　五・一）と語っているように、心身が一度解放されて「自由」となった人も、常に自分で「しっかりと立って」いないと再度、別のくびきを負わせられる。自由とは、「自立＝自律」でもあるのだ。

キリスト教の「自立＝自律」は、人が自分ひとりで好きなように判断することではない。共同体など既成の縛りがなくなっても、キリスト教真理に照らされることによって、みずからの行動原理を見出すのである。その行動原理とは神の前に平等な個と個の間で互いに目指される「利他」ということになっている。そのような相互の利他の目的は、「神の国」に参入することだ。この世で「神の国」を実現することは、人間には不可能だ。けれども、この世にいる間に、一人ひとりが個人の利害や欲望を超越する「神」と内的につながらない限り、死後に「神の国」に入ることはできない。キリスト教的な「自由」は「利他に基づく自立」を果たすところから出発するのである。

†東洋における「自由」

このような自由の概念は、東洋的な自由の概念とはかなり隔たっている。東洋では同じように道徳観念を内包した「自由」でも超越者との個人的関係という観点は存在しない。

孔子の『論語』の有名な一節を挙げてみよう。

「子曰く、吾十有五にして学に志す、三十にして立つ、四十にして惑わず、五十にして天命を知り、六十にして耳順《したが》う、七十にして心の欲するところに従えども矩を踰《こ》えず」

ここでは、「七十歳になると自分がしたいと思う言動をしても、人の道を踏み外すことがなくなった」というわけで、自分と自分を外から制限し規定する、自分以外の世界との緊張を、自然体でマネージメントしながら折り合いをつけていくのが自由の境地、というイメージが喚起される。

これは「たとえ自由に振る舞ってもおのずから限界を知っている」と理解できるわけだが、「自由」という日本語が生まれた当初、この言葉が日常語として担っていた意味は、ニュアンスとしては「放縦」に近かったらしい。柳田國男と、同時代人の証言を聞いてみよう。

柳田「僕が初めて自由という言葉を聞いたのは明治十二、三年の頃だった。家の門のところに酔っ払いが寝ていた。これはバクチうちでしたがね。皆でどかせようとするとその酔っ払いが「どこに寝ようと自由の権だ」と怒鳴ったんですよ。僕の七、八つくらいの頃だった。」(中略)

「その当時の自由というのはわがままということになっていた。そんな意味に取ったということは日本の国語力の不進歩を物語るもので、自由に限らずなんでもそうでしょう。それをそのまま口語にまで自由という言葉を入れたから博徒でも使うようになった。」(中

略）

竹内「自由という言葉が放縦という意味で昔から実際に使われていたでしょうか。」

柳田「使われていたでしょう。姑がよく嫁にそんな自由はさせないということをいった。やりたいことはやれると取っていたのは古いことですよ。リバティを自由と訳したのが間違いのもとなんです。」（中略）

天野「私どもはリバティの意味で自由という言葉を使っていました。しかし概念をはっきりさせて使っていたのではなく漠然と使っていたんです。」

（「進歩・保守・反動」、『柳田國男対談集』筑摩叢書26、一九八頁、初出は「展望」昭和二五年一月号。引用者注　竹内は竹内好〔明治四三年生、中国文学者〕、天野は天野貞祐〔明治一七年生、哲学者、京都帝国大学名誉教授〕）

自由という言葉は幕末から明治維新にかけて、自由民権運動などの「政治概念」として使われ出したのはほぼ確かだろう。しかし、陸羯南《くがかつなん》が『近時政論考』の「自由論派」の項で「泰西において自由平等の説ははじめ教理より起こる、一転して法理のために潤飾せられ、ついに動かすべからざるの原則となれり、当時わが国にありては法理いまだ民心に容《い》らず、いずくんぞよく自由平等の原義を解せん、そこを見て君相《くんしょう》を軽んじ国体を破るの邪説となすはもとよりそこなり、自由論派の薄遇、一は気質風習のいまだ化せざるによる者あり。」と語るように、その起源がキリスト教であったことまで、認識されていたのだ。

陸羯南は、キリスト教概念であった自由が「法律」の概念となったことも語り、法治主義の確立していない日本にはその本質が理解できないと見抜いている。その結果、自由は「解放」の方向にのみ逸脱し「自由論派は猶予なく自由を唱えて政府の干渉を排斥し、猶予なく平等を唱えて衆民の思想を喚起せり」となったのだ。

「人は本来自由なり、人によりて治めらるるを甘んぜずしてみずから治むるを勉むべし」という主張は、キリスト教的自由が内包していた超越価値との関係を失った「人間中心主義」の自由である。日本人が気づいていなかったのは、キリスト教国の近代で「神なき自由」が語られる時は、誰もがそこに神が追いやられた後の空席をはっきりと見ていたということである。その空席に神が戻って来ないか、呼び戻す必要はないのか、空席は常に、彼らの決意であり戦いであったのだ。

陸羯南の分析は続く。

共和国風の自由民権を唱えた日本の自由論派は、「ただちに自由を主張」したが、実は日本人は、政治における自由というものがどういうものか知らなかった。「日本人は史蹟において古来専制の政に慣れ、いまだ自治の事を聞見せしことなく、かつまた事実においてその能力を自信するあらず、彼ただちに平等を主張す、しかして日本人は史蹟において永く貴賤階級の風習に染み、かつ事実においても賢不肖の差ははなはだしきを知る。史蹟および現実においてはすでにかくのごとし」と言うように、日本人には「自治」の経験がなく自信もない、平等の実感もないと認めているのだ。それゆえに、世間は自由論派の論調や要求に疑問を持った。しかし、日本における「自由や平等」の不在を自覚したからこそ、自由論派は自由を要請したのでもある。

後に二〇世紀のファシズムを分析したエーリヒ・フロム（一九〇〇—八〇）は個人の自由を得た人間の抱く不安がかえって権威主義に救いを求めることを「自由からの逃走」と呼んだ。明治までの日本人は個人の自由を知らなかったゆえに不安もなく権威主義に安住していたのだ。多くの日本人は「自由の要請」の必然性を感じてはいなかった。

†「自由」と儒教思想の相剋

とはいえ、「文明開化」のリアル・ポリティクスを採用していた明治の日本はすんなりと西洋風の「立憲政体」の設立を聖詔で宣言していた。明治の人々にとっては、立憲民主主義への移行が、「自由や民権を勝ち取った」がゆえの果実としてではなく、君主の徳義あるいは君主の恩恵であると見なせたからだ。

この「君徳君恩」を称賛した帝政論派に対抗して、自由論派はまったき自由の理、平等の理を唱えたのだが、抽象的すぎて人々の心をつかむにはいたらなかった。自由論派がモデルとしたのはイギリス風立憲君主制ではなく、フランス風共和制であったといえるだろう。そこには自由を尊重し、干渉保護を退ける自立の精神があふれていた。政府による外交の戦略や保護貿易の類も同様に退けられた。しかし、実際に天皇君主制撤廃を唱えたわけではなく、言論の自由、集会の自由、信仰の自由などの各論を掘り下げることもなく、抽象理論に留まった。

この自由論派に対して、「改進論派」と称する者もいて、こちらの方は、西洋近代諸国におけるいわゆる「リベラル」の革新派だった。こちらの方が、具体的に、個人の自立を求めていた。陸羯南は、西洋諸国のリベラルとは、「中等の生活を権利の根源とし個人自由を政治の標準となす」ものだと看破した。自由論派の理想は人類平等にあり、改進論派の理想は「個人の自由」にあるのだった。

近代西洋のまなざしから日本を眺めてみると、「古来専制の政に慣れ、貴賤階級の風習に染」んでいた国として日本は映る。だが、果たして本当に日本は、近代西洋が革命で倒してきたような「専制君主」の国であり、近代西洋の基準では「暴君」が統治する国だったのだろうか。

日本やアジアの多くの国においては、「自由」や「個人の権利の保護」などは、キリスト教国で人権の基礎となった「自然権」に由来するものではなく、陸羯南が述べるように、まさに君主の徳義、君主の恩恵に属することであった。それが、「仁政」という概念である。つまり、為政者が人民をいたわり慈しむ「善政」だ。「仁政を施す」という表現があるように、それは「施される」ものであり、善き為政者とは保護者だったのだ。

ここには、一神教の父なる神のもとで「人々の平等」が想定されるように、為政者を絶対の「父親」神と見なす構造が見られる。実際、君主は、生身の体を超えた「天」を体現していると考えられていた。そこには、密接な関係にある天と人が互いに影響を与えあって連動しているという天人《てんじん》相関説という儒教の思想が関係している。

森羅万象と人間は相応していて、天体の運行も人の運命も相関する。西洋の錬金術や占星術にも見られる人体が全宇宙の縮図であり小宇宙であるという考え方も一種の天人相関説だ。それ自体は古代の類推魔術にも広く反映している考えだといえる。ただ、アジアにおいては、それが「天子」が行う政治にも応用され、政治は天と不可分のものであり、官制や賞罰も天に則って行うべきだとされたのが特徴だ。

この点が、キリスト教を生んだ一神教との大きな違いである。なぜなら、一神教では、

「宇宙」や「森羅万象」も人間と同じく創造神によって創られたものであるから、その意味では、人間と横並びであり、人間の行いを規定するものではない。キリスト教世界でも、神は高き「天」に住むとイメージされて、天体の運行や気象状況が神の意志を反映しているとしてそれを読み解くことは試みられたものの、神学的には神は全ての被造物を超越している。為政者の権威を真に担保するのは、自然現象などではなくて、超越神によって委任、委譲される権威のみだった。その神を「代理」したり「仲介」するものが聖職者であり教会権威である。したがって、世俗の王たちの徳義を監視するのもまた、「天」ではなく、聖職者や教会権威でしかない。世俗の主権者には聖職者のコントロールなしの権威を行使するための自由を必要とした。

†「信教の自由」と西洋近代

結局、西洋近代は、そのような「神」を世俗の主権者から切り離すことによって、世俗の「自由」と「自立」とを獲得した。こうした動きに対抗するために、キリスト教の方も新たに「自由」の概念を考察し始めることになる。そのときに根拠の立脚点としたのは、出発点にあったナザレのイエスの説く自由と、初期キリスト教徒たちがローマ帝国の為政者に訴えてきた信教の自由だった。

「信仰に関して、人々から自由を奪い、彼らが神を選ぶのを妨げるのは、神を恐れぬ所業である。いかなる人も、いかなる神も無理強いされたお勤めを望まぬであろう。」（『キリスト教護教論』第二四章）

キリスト教がヨーロッパのエスタブリッシュメントになった後でも「信教の自由」という理念は完全に消えることはなかった。

「万民に信教の自由をお認めあそばしますよう」（カンブレの大司教、フェヌロン、『ブルゴーニュ公へ』）

「宗教と恋愛とではことは同じである。命令はなんの力ももたない。強制とあっては、なおさら無力である。愛することと信じること以上に束縛を嫌うものはない」（アメロ・デ・ラ・ウーセ、『ドサ枢機卿の書簡』について）

「もし天があなたがたを愛するゆえに、真理をあなたがたに示したのだとすれば、天はあなたがたに大きな恩恵を授けたのである。だが、遺産を与えられなかった者たちを憎むことは父の遺産を与えられた子供たちのやることだろうか」（『法の精神』第二五篇）

これらの言葉は、キリスト教の歴史を通じて発せられた言葉で、キリスト教世界の史書、論文、説教、道徳書、公教要理はみな「寛容」という聖なる義務を切望し説いている、とヴォルテールは『寛容論』の中で引用している（中公文庫、中川信訳より）。

キリスト教の歴史の中でたとえどのように「不寛容」が繰り返されてきたとしても、多神教的ヘレニズムの世界で少しずつ醸成されてきたキリスト教には、福音書に由来する「信教の自由」という最初の原則が、要所要所で息を吹き返していたのだ。

それを「酵素」と形容したのが、二〇世紀後半の第二ヴァティカン公会議における「信教の自由に関する宣言」（DIGNITATIS HUMANAE）である。第二部「信教の自由の一般原則」の一二には、「人間の歴史を通って旅を続ける神の民の生活の中には、福音の精神にあまりふさわしくない行動、または、それに反するものさえあった。しかし、何人にも信仰を強制してはならないというのが、教会の一貫した教えであった。福音の酵素は、人間が時代を下るにつれて、しだいに人格の尊厳を一般に認め、宗教問題において、人間がいかなる強制からも自由でなければならないという確信が熟するために、長い間作用し、大きく貢献した」

とある。人間が動かすこの世の教会においては不寛容の過ちを犯してきたが、ついにキリスト教の精神は、「宗教問題において、人間がいかなる強制からも自由でなければならないという確信」に達したというのだ。

一大勢力を有する伝統宗教が、そのメイン・メッセージの一つに「信教の自由」を掲げるというのは、考えてみれば驚くべきことである。けれども、ヨーロッパのキリスト教世界においては、すべての思想家、知識人は、キリスト教を通じて世界観を育んできたことや、無神論も啓蒙思想も政教分離も基本的人権も、あらゆる西洋思想がキリスト教との兼ね合いやせめぎ合いから生まれたこと、キリスト教神学者たちもまた、どの時代においても第一線にある思想家で、哲学者で、近代には啓蒙主義者でもあったことなどを考えると、「普遍宗教」が、多様性の世界での「信教の自由」を宣言するに至ったことは、当然の帰結だったともいえる。

†二つの「信教の自由」――カトリック型とプロテスタント型

注目すべきなのは、カトリック教会にとっての「信教の自由」の確信は、「福音」とい

マルティン・ルター 教皇庁による免罪符発行を批判して教皇から破門された（1517年）。これが宗教改革運動の発端となった。

うキリスト教の最も重要な部分が「酵素」として長い間作用してきた結果、ついに発酵し、熟した果実であるという見方である。

それとは反対に、西洋近代の形成において、〈近代〉主義者の認識では、彼らが「宗教」を否定したからこそ〈近代〉が成り立ったのであり、キリスト教との長い闘いの末にようやく前近代的なくびきを逃れて「非宗教」的な自由を獲得した、と考えられている。

こうした近代観はとくにプロテスタント側で顕著である。彼らの近代観はこうだ。まずマルティン・ルター（一四八三―一五四六）において、「キリストによる自由」の名の下に、ギリシャ以来の政治的な意味での自由人の意識が再現した。それははじめこそ古代ギリシャの自由人（奴隷の反対概念）の自覚とは異なってキリスト教色があったのだが、そのキリスト教色も、その後時代を経るにしたがい次第に「希薄」となり、ついには近代の世俗的な個人主義・自由主義へと変貌した、というものである。

キリスト教の「宗教色」の希薄化と喪失により、近代以降の西洋の諸問題、つまり絶望と虚無が生まれてくる。人間が宗教抜きで、理性のみで自立し自己充足できると信じた傲慢が近代の病を誘発したのである。

つまり、西洋近代は、「キリスト教」という父を殺害したトラウマを背負っているということになる。「キリスト教」とは神から与えられたものであったのだが、宗教改革によってもたらされた「政治的自由」を死守する戦いを繰り返しているうちに、近代は「信仰からもたらされた自由」を忘れ、絶望と虚無に行き着いた。

その絶望を克服するために、神なきポストモダンの言説が次々と生まれ、いろいろな方法を模索しているのだ。それは時として、相対主義や多様性の絶対化であったり、「人間中心」を否定したエコロジー原理主義だったり、民族ナショナリズムの発揚だったり、非キリスト教文化圏の伝統復古主義だったりする。

これに対して、カトリック教会は、「自由」はそもそも神から与えられたものであると考えているわけだ。多文化世界における「信教の自由」とは、人間の側での長い不寛容の歴史を経て「神に与えられた自由」が酵素のように作用し、ようやく多様な「近代世界での普遍主義」へと実を結んだものだと見なしているのである。

カトリック教会の認識では、「神殺し」や「キリスト教色の希薄」や「世界の世俗化」の帰結として「信教の自由」を得たのではなく、彼らの「信仰」の帰結として「信教の自由」を得たのだというロジックになる。

カトリック系近代国家の自由観は、いざとなればこの「確信」に支えられることができる。人々は、「信教の自由」は「彼らの神の不在」ではなく、「彼らの神からの賜物」なのだという心の安定を組み込むことができるのだ。

それに比べて、プロテスタント系近代国家の人々の場合はどうだろう。彼らの多くは、「神の不在」の虚無や絶望から逃れるために、それぞれが社会生活の一部として「宗教活動」を維持する方針をとった。多様な共同体の多様な宗教でもいい。何らかの「宗教活動」をしていることが、彼らの「人間性」のアリバイであり、絶望と虚無の否認なのである。

それゆえに、アメリカ型の社会では「無神論」はスキャンダルとなり、フランス型の社会では信仰の「到達地点」として市民権を得る。

言い換えるならば、カトリックでは「宗教」は熟成して普遍主義の「果実」となり統合されたと見なし、プロテスタントでは「宗教」は各共同体の核として「別枠」で現役で生かしておこうと考えた。カトリック型とプロテスタント型、この二つの道の違いが、そのまま、次に述べる民主主義の二つのタイプに重なっていくのである。

†民主主義の二つの型

教科書的な記述では、民主主義の原型として古代ギリシャの都市国家における選挙が参照されることが多い。だが、古代ギリシャの民主主義は近代における民主主義の直接の祖形ではない。古代ギリシャには奴隷と自由民がいたし、参政権は貴族に限られているなど、キリスト教西洋近代風の平等型民主主義ではないからだ。それに「多数決」という合意形成の手段にも問題があって、ソクラテスに死が宣告されたことで、プラトンらが当時すでに「衆愚政治」を批判していた。

では、平等主義的な選挙がいつ、どのように始まったのかというと、その嚆矢となるのは、キリスト教の修道院内で行われた選挙や合議の伝統の方かもしれない。高位聖職者も平修道士も同じ一票を投じることができたこと、修道院長職が任期制であったことなど、後にヨーロッパの議会制度に持ち込まれていく制度が誕生した。

カトリック教会の教皇選出では、信徒による信任を必要とした時代を経て、現在も投票権を持つ枢機卿による選挙という方法がとられている。選出されるためには三分の二以上の得票が必要である。任期はなくて終身であり、国籍も問われない。独身制のため世襲も不可能である。その教皇と公会議との間での力関係のバランスの変化や、世襲で財産の継承を重視する世俗の王たちとの権威の拮抗の歴史などが、ヨーロッパにおける民主主義や議会制度を錬成してきたといえるだろう。

その理論的基礎を作ったのは、プラトンやアリストテレスの分類した政治形態の概念、トマス・アクィナスによる「神の法」「自然法」「人間の法」の分類などを整理したホッブズに続いて、ジョン・ロック、三権分立のモンテスキュー、民衆の主権を述べたルソーらの啓蒙主義者たちである。

トマス・ホッブズ（一五八八―一六七九）は『リヴァイアサン』（一六五一）において、国家理論として最初に、宗教を「与件」として語らなかった。それまでにも体制としての「キリスト教」やカトリック教会の「教義」などを批判した人は少なくなかったが、ホッブズは、宗教を直接批判することを回避して、「人間性を分析」することから「社会契約」論に至る国家の起源を説明したのだ。無知と恐怖から神や宗教を作ってきた人間は、自然状態においては「闘争状態」にあり、自己保存のために社会という規制枠を作ったということになる。これは理論上の仮説にすぎないから、自然状態や社会の始まりが検証できないように宗教の始まりも検証できない。結局、ホッブズはキリスト教陣営からは「無神論者」だと攻撃され、不安定な共和制イングランドの時代であった共和主義者からは「治安のいい専制政治を擁護するのか」と批判された。

啓蒙の世紀のジョン・ロック（一六三二―一七〇四）は経験主義であり、「王権神授説」を否定し、個人が公権力よりも優位であるとした。彼にとっての人間の「自然状態」は平和的なものであるが、生命、財産、自由などの権利が他人と衝突しないために秩序を維持する「政府」が必要とされたのだ。政府が国民の信託を裏切る場合は、国民が政府を変更することもできる。この考えは、アメリカの独立戦争やフランス革命の理論的支柱ともなった。

主権が民衆にあるというこの民主主義の原理は、近代革命を可能にしたブルジョワ階層を前提に、「政治的に自由な個人」をその担い手として想定している。有産階級が選挙権を持つ議会民主主義は、自由民主主義と呼ばれた。けれども、ヨーロッパで産業革命と資本主義が進展すると、都市を中心に基本的人権を奪われた労働者階級が出現する。アメリカのように豊富な開拓地があり、勤勉を是とした開拓者たちは同じスタートラインに立ち、「輸入」された黒人奴隷が労働力に組み込まれていた新大陸とは異なる。すでに社会階層が分かれ搾取できる労働者が存在していたヨーロッパでは、「同人種、同宗教」間の貧富の差に直面せねばならなかった。

前章で述べたとおり、弱者や貧者の救済という「社会事業」はもっぱらキリスト教会の担当であったが、反教権主義や戦闘的無神論の広がり、共産主義思想の誕生などによって、国家が社会問題に介入し、労働組合運動と共生して社会的公正や平等、人権保護などを担当すべきであるという考え方が生まれた。これがヨーロッパの社会民主主義である。

この伝統は、二一世紀のヨーロッパ連合の中道左派の精神にまで続いている。アメリカと違って二度の大戦の戦場となって疲弊したヨーロッパは、社会と経済の復興のために、国家が主導して福祉国家の道を進んでいった。高所得層や富裕層から税金の徴収によって貧困層や低所得層の人々へ所得を再分配し、保健、医療、保育、育児、教育、障害者や失業者に対する所得保障、職業訓練や年金制度などの社会保障政策によって、社会のセーフティネットを充実させていったのである。

フランスでは、すでにはりめぐらされていたカトリック教会によるセーフティネットを利用し、修道会や教区のボランティア福祉者をとりこみながら、強力な福祉社会を作り上げ、それが自由主義経済の発展にブレーキをかけることとなった。フランスの社会民主主義は、レオ一三世が成文化したカトリック社会思想に拮抗し、牽制する形で根付いたが、逆に、ヨーロッパのプロテスタント国では今も、「キリスト教民主主義」を掲げる政党が存在するのは興味深い。

一定以上の人口規模を持つ国における民主主義の基本は、選挙によって議員を選ぶ間接民主制の議会制度であるが、アングロ・サクソン型の二大政党による政権交代と違って、フランスでは憲法裁判所があり、国民投票制度があり、一般人が高校生から参加する各種のデモや、公務員にまで適用されるストなどの「直接民主主義」が大きなインパクトを持っている。死刑制度や臓器移植制度についても、ヨーロッパのカトリック国では、キリスト教の原則や伝統が表明されてコンセンサスを形成することが少なくない。

ヨーロッパで、代表制による「多数決型民主主義」が相対化されるのは、二〇世紀のドイツで、多数決による民主主義がヒトラーのナチスと全体主義を許してしまったという「体験」を共通の「過ち」として、それを繰り返さないように、最終的には「数」よりも「質」を優先する合意ができたからである。「多数決民主主義」が「公正」であるためには、すでに代議士選出において利益誘導がないか、情報操作がないか、煽動がないか、理性的な意思決定ができる教育を受けているか、などが必要となる。「世論調査」などは、一時の情緒に左右されやすいものであるとされ警戒される。フランスが一九八一年に死刑を廃止した時は、世論の反対にもかかわらず、「倫理上の問題は国民投票にかけない」として議会の決定で断行されている。

民主主義が機能するには、情報の公開、公正な選挙、複数政党の存在、野党の活動の自由、市民運動の自由など、多くの条件が必要であり、たとえそれをクリアしても、なお、決定事項が、普遍的な「倫理観」や「価値観」に合致しているかが問われなければならない。それにはその価値の「普遍性」についての合意の存在が前提となる。民主制度そのものや自然権思想に基づく社会契約という仮説自体は、西洋キリスト教社会の近代の文脈の中で築かれたものであって、「普遍性」を持たないからだ。

けれども、少なくとも、ある程度安定した社会においては、民主選挙がチェック・アンド・バランスの機能を果たし「平和的な政権交代」を可能にすることのメリットは大きく、民主主義の弊害を低減し公正さを増大するための改革や試みは常に行われている。

†フランスの民主主義

すべての「主義」と同じように、民主主義は時と場合によって意味を変え、役割を変え、姿を変えていく人間の活動指針の一つである。民主主義の制度的な実態が問われることなく、民主主義という「言葉」だけで「偶像化」される時、少数者の欲望充足の道具となり多数者の権利を侵していく。この必然は、ヨーロッパにおける長かったキリスト教「主義」における「神」の偶像化の歴史とパラレルである。

あらゆるイデオロギーは支配者の「独善」を正当化する道具として「私物化」されていく。ヨーロッパにおいて「民主主義」が、アメリカにおけるほど「金科玉条」として崇められておらず、時として揶揄されるのは、「キリスト教の神」の栄枯盛衰を見て、戦ったり折り合いをつけたりしてきた歴史から学んだ結果なのである。

では、このようなヨーロッパ型の、カトリック教会との軋轢の歴史をベースにして、キリスト教の神の偶像化、私物化を回避するために「至高存在」と呼び基本的人権の基盤に置いてきたフランスのような国の社会民主主義と、「近代」しかないために近代のいかがわしさや妥協の歴史をフィードバックさせないアメリカ型の民主主義とでは、実際にどのような差があるのだろう。

フランスにおいては、民主主義はフランスの死守する「共和国主義」を担保するツールの一つである。一方、アメリカにおいては、民主主義は功利主義経済システムを担保する「建前」である。

この差異がもっとも顕著に現れるのは、フランスの哲学者のレジス・ドブレが指摘するように、移民対策や教育政策においてである。フランスの共和国主義とは、出身地や人種や宗教の違いにかかわらず、同じ国に住む人間が、「自由、平等、友愛」という同じ共和国原理を共有し、それを、個人のアイデンティティのうちに理性的に「統合」していくことを目標としている。だからこそ「教育」は基本的に共和国主義を教える「公共の場」でなくてはならない。

子供たちはそれぞれの家族や共同体の文化や宗教の影響を受けて育っているわけだが、

その偶然の「与件」の特殊性の外側に、「普遍価値」があることが教えられ、普遍性という物差しを基準にして考える思考訓練がなされる。自分の頭で、自分の「与件」について考え、判断するならば、それをリセットして、共同体の価値観や伝統や慣習や文化や宗教を離脱して別のものを選択する自由が存在することを気付かせることが可能である。これが共和国の公教育理念である。

中等教育の初めには「市民教育」の科目があり、最終学年では哲学が必修科目とされる。そこでは必ず、ギリシャ・ローマの古典や、ユマニスムや啓蒙思想などの「思想史」が俯瞰され、国家試験であるバカロレアにおける哲学の論文試験は、今も国民的な通過儀礼をなしている。

さらに、エリート・コースであるグランゼコールに進学を希望する者は、たとえ理科系であろうと「政治哲学」の古典を読まされ、入学試験で論文を書かされる。国立大学しか存在しない医学部の進学生は全員が、最初の学年で「死生観」の講義をとり、『ソクラテスの弁明』などを読まされる。エリートに要求されているのは、「普遍的な立場に立って考えられる」能力なのだ。

レジス・ドブレは、「共和国」の村々で大切な二つの場所は、「選挙で選ばれた代表者が公共の事柄について議論する役所」と「共和国の公務員である教師が子供たちに自立と自律を教える学校」であると述べる。役所の結婚式ホールは、教会をのぞいて村一番の立派な場所である。「共和国」の戦いは、結婚のセレモニーと教育とを長い間一手に独占していたカトリック教会からそれを取り戻す道のりだったので、役所と学校は「聖域」なのである。

フランスでは政教分離法の成立した一九〇五年以前に建てられた教会は国や地方自治体の所有となっていて、カトリックはそこを無料で使うという形式になっている。フランスのカトリックは、世俗の思想家とともにユマニスムや啓蒙思想をくぐってきた後で、キリスト教が本来内包していたユニヴァーサリズムを顕在化し、共和国主義と共存している。ローマ・カトリックとは、真理の普遍性を説く「キリスト教」が特定の時代の特定の地域で特殊な文化を形成しながら進化してきたものであり、ある時点のある形が普遍性をもつものではないことをわきまえている。共和国の普遍理念こそ、キリスト教が歴史の中で熟成した普遍的理念の表現であるというスタンスである。

このような社会での「エリート」たちは、だから、自分の宗教所属を表明しないし、「無神論」や「不可知論」の立場が共和国のエリートや知識人にとって一番無難な看板となっている。「冠婚葬祭」のキリスト教は健在だが、特別な行事のない時、共和国の「聖域」でない教会にはもはや人々の姿はまばらである。それでも、共同体としての絆を必要とするカトリック国からの移民たちや、そのような移民たちから自分たちの階層のつながりを守ろうとするブルジョワや貴族たちにとって教会は聖域であり続けるし、追い立てられた不法労働者、住所不定者らにとっての駆け込み寺でもある。共和国政府がどんなに「普遍主義」を標榜しても、「世界中の不幸をうちが受け入れるわけにはいかない」という壁にぶつかって撤退する場所で、カトリック教会は、「国籍」や「査証」を問わない「普遍主義」を貫くからである。

†アメリカの民主主義

これに対して、アメリカの教育の場において最も重要視されているのは、労働市場に見合った生産者、即戦力になる人間を養成することである。大学においても、経済的な成功者による寄付や、産学協同が当たり前になっている。では、アメリカの教育において、「実学」とは別の「道徳」や「倫理」はどこで教えられているのかというと、子供たちの生まれて育つ共同体であり、宗教行事の場である。アメリカにおいて「普遍的」なものは、経済活動における数の原理であり、競争原理である。「道徳」や「文化」や「価値観」については、特殊であっても「共同体的」であっても一向に構わない。いやむしろ、「道徳観」を持つ証明、「良心の査証」として、何らかの「宗教」への所属は大切な要素である。

教育の場には「民主主義」の言葉と「星条旗」があればいい。

レジス・ドブレがアメリカという民主主義国における二つの大事な場所は教会とドラッグストア、または教会と証券取引所である、という所以である。アメリカの政教分離は、功利主義経済を担保する宗教と、それを容認する政治という両輪なのだ。

アメリカには、ヤンキーズ・スタジアムでの伝道集会をいっぱいにするようなプロテスタント系宗教指導者たちがいる。しかもそのメッセージは、「経済的に恵まれない人がいても今のままでもアメリカは幸せ、裕福かどうかは神様が決めること」だとか、「アブラハムもダビデもソロモンも経済的に恵まれていた、宗教的指導者が経済的に恵まれることは望ましいこと、ただし、お金のために働くようではいけない、聖書は、贅沢をするなとは言っていない」など、格差社会の肯定と権力への迎合が露である。そのようなメッセージが、まるでファシストのカリスマ指導者のような異様に明るいハイテンションな身振り手振りと口調で力説されて、大衆が鼓舞されている姿は、いまやインターネットで見ることができる。しかも、このようなメガ伝道師たちは、「精神的な支柱」と呼ばれて、不況になるとますます多くのアメリカ人が心酔するのである。メガ・キリスト教と同じメンタリティである各種カルト宗教も、同じように「信教の自由」の名のもとに野放しになっている。

昔ながらの地域共同体での宗教活動を社交にしたり、親睦にしたりする人はいい。しかし、メガ・チャーチに集まる人のメンタリティはまた違う。

キリスト教近代が生んだ「個」とは、本来、自分では選べない共同体の縛りを脱した弱者を支える形という連帯の基礎となる概念のはずだった。「個」はユニヴァーサルな「連帯」を可能にする必要条件だったのだ。そんな「個」の概念は、今や分断された消費者やエゴイズムにとらわれた「孤」と変貌し、「救い」を求める人たちは、時として、アメリカ風民主主義の弱肉強食を後ろから免罪して担保するような宗教システムに取り込まれて搾取されていくのだ。

†日本の場合

幕末から明治維新にかけての日本は、アメリカやイギリス、大陸ヨーロッパをくまなく研究し、欧米の違いやカトリック国とプロテスタント国の違いも感知していた。「民権」という言葉は、蘭学者で徳川昭武《あきたけ》の随員としてフランスに渡った箕作麟祥《みつくりりんしょう》が、開成所（幕府の洋学研究機関）を経て、明治二年にナポレオン法典の翻訳をした時の造語だ。

「権利」も「義務」も、同じ時に造られた言葉だ。とくに、「droit civil = 民権」は、「民に権ありとは何語とぞ」と糾弾され、イギリスやドイツの法学を掲げる一派から反論もされた。しかし、「議会制」という形は採択された。ルソーの著作は一世を風靡し、「人は本来平等なり、貧富智愚によりて権利に差違あるべからず、何人も国の政事には参与するの天権あり、これを実行するは代議政体に如くなし」（陸羯南《くがかつなん》）という合意に至ったのである。しかし、ルソーの影響にかかわらず、明治政府が目を向けたのは、「英米」だった。

イギリスが選ばれたのは、もちろん、立憲君主国ということで、近代天皇制のモデルになりえたことが大きいが、もう一つの理由がある。それは、ギリシャ・ローマの歴史と文化とを受け継ぐ大陸ヨーロッパから遅れをとった島国であるにもかかわらず、大陸ヨーロッパにキャッチアップしてそれをしのぐ繁栄を勝ち取ったイギリスのやり方が、島国日本に役立つと思ったからだ。

フランスは早いうちに退けられた。幕府軍はフランス軍と提携して軍の近代化を図っていたが、薩長軍に敗れたし、富国強兵を目標に掲げた明治政府にとっては、メキシコ侵略戦争に続いて一八七〇年に普仏戦争に敗れたフランスの軍事的威信は低減したからだ。

フランスは美と芸術の国という認識はあったが、文化面でもそのフランスに短期間で追いついたとされるイギリスに焦点が当てられた。「和魂洋才」という言葉は有名だが、「洋才」とは「実学」に他ならない。

伝統仏教や元武士階級との共存や、中国文化の日本化の上に西洋文化を消化しようとする日本にとっては、カトリック勢力や王党派と拮抗しつつ共存し、イタリア文化をフランス化してきた上に、プロテスタント国の産業革命に遅れをとっていたフランスの事情を分析し、人種差別への抗議の根拠として「自由・平等・友愛」の普遍主義理念を適用した方が、長期的にはより有効な戦略だったかもしれない。

しかし日本は、短期的な富国強兵という「実」を選択したのだった。近代科学技術という「洋才」が、その土壌である「洋魂」とどのような関係にあるのかという視点はまったく欠けていたわけである。本来、「洋魂」とは、キリスト教を世俗化していく過程で形成された普遍的な人類主義に拠って立つものであるから、それを「読解」して「使いこなす」ことは、グローバル化していく国際社会で生きる時に有効であったはずだ。同じ普遍宗教である仏教と同様に利他的道徳観が基盤にある「洋魂」が適切に把握されていれば、「和魂」が否定され衰退した第二次大戦後のアメリカ型民主主義一辺倒を経た消費主義や拝金主義に対して歯止めとなっていたかもしれない。キリスト教国との外交において、「洋魂」内倫理主義への感受性に働きかける戦略も生まれていたかもしれない。

第二次大戦後にアメリカ型の「民主主義」を受け入れたにもかかわらず、アメリカでは昔ながらに維持されている「共同体」や「宗教活動」を急速に失った日本では、「個」は急速にエゴイズムにとらわれた「孤」となり、「自分の頭でものを考える」教育も受けず、

「聖域」を求める心は、カルト宗教に取り込まれるか、あるいは、「自己愛」か、その延長としての「組織愛」やナショナリズムへと向かってしまう。

「民主主義」も「人権」も「平等思想」も、幕末や明治の日本人が、自分の頭で考え抜いた末に日本語にして取り入れてくれたものだ。彼らはそれを糧にして、帝国主義がピークに達していた時代の国際社会に打って出て、カトリック教会やキリスト教国がそうだったように不適切な行動や判断の誤りをおかしながらも「西洋近代国家」と伍する力を蓄えてきた。

それは私たちの財産であり、これからさらにグローバル化する世界で生きていかねばならない次の世代が「孤」に閉じこもらないでみずからを世界に開いていけるような形にして伝えなくてはならない。先人の伝えてくれた「近代理念の言葉」たちが、その後どう変遷し、どう使いまわされて、どのような可能性を持ちうるのか。そのことついて、二〇世紀の後半以来、私たちは考えるのを怠ってきた。世界中に、名前ばかりの民主主義や見せかけの自由、絵に描いた餅に過ぎない平等、偽善的な友愛が広がっている今こそ、私たちは理性の刃を研ぎ、感性を澄まし、弱い者が連帯できるような普遍主義の復権を図らなければならない。

コラム④ フランスのライシテと仏教

フランスのライシテは、

・信じることと信じないことの自由を保証すること
・国の中立性
・各宗教に序列を認めないこと
・宗教活動に干渉しないこと（公共の秩序を乱さない限り）

からなっている。

他のヨーロッパ国と大きく違っているのは、国がある宗教を「公式に認定することはない」ところだ。

宗教は特殊なアソシアシオンの一種Association cultuelleとして認められると、税制優遇などを獲得するが、「宗教」として認められるわけではない。しかし国はそれらのアソシアシオンの活動や、個人の信教を「援助する」ことが想定されている。「宗教」としては認定されていないので、そのような援助を求めて各種アソシアシオンが宗教の名で国と対話するには、フランス仏教連合のような「代表組織」を別に作らなければならない。

個人の信教を援助するとは、どういうことだろう。たとえば、国は特定宗教者に給料を支払ってはならないのだが、そこに例外があることによって、はっきり分かる。

つまり、病気や刑務所や軍隊や学業の場所にいるせいで地域の宗教の行事に参加することができない人のためにそれらの場所に、国が金を出して常駐の宗教者を雇うことができる。これが国立のリセや大学に常駐するカトリック司祭や従軍司祭や公立病院に必ずチャペルがあることなどを説明している。

ということは、理論的には、仏教徒でもイスラム教徒でも、病床で、宗教者にセレモニーを頼んでくれということができるわけだ。

実際は、それが、たった一人や極少数であったり例外的であったりする時、要するに、国が常駐の宗教者に金を払うほどの正当性がない時は「ボランティアで来い」ということになっている。

だから、事実上、ほとんど、カトリックの司祭が占めている。どんな軍艦にも常駐の司祭がいるわけだ。現在のフランスでは、外務省に、宗教事項に関する担当官Conseiller pour les affaires religieuses（CAR）というポストがあり、フランスの公務員で唯一「宗教」の言葉がつくものとなっている。

外務省にこのポストが生まれたのも、初めは、もちろんカトリックがらみ、キリスト教がらみだった。

依然としてナポレオンのコンコルダ体制のまま、一九〇五年のライシテ法に組み込まれなかったアルザス‐モゼル県が、一九二〇年に、フランスに戻ってきたこと、と、シリアとレバノンに対するフランスの委任統治の必要上生まれたものなのだ。シリアとレバノンという二つの国では、「オリエントにおけるキリスト教徒」の保護が、フランスの影響力の行使とセットとなっていたので、その対策が必要だった。

最後に、一九〇四年以来絶縁していたヴァティカンとの国交回復という課題に向けての準備である。

だから、最初の担当官であるルイ・カネが二六年もポストについていたように、当初は「キリスト教の専門家」が担当官として想定されていた。

外交の専門家がこのポストにつくようになったのは一九九三年以来で、アフガニスタンの戦争やイランのホメイニ革命などの後である。

今は、CARは、フランスの宗教指導者が外国を公式訪問するときにその国の情報を与えたり、その国の大使館に便宜や保護を求めたり、逆に外国から宗教の指導者がフランスに来る時にあれこれのオーガナイズや国との橋渡しをする。

そういうアシスタンスのポストなのだ。フランス的な特化の仕方である。

またフランスに神学などの勉強に来る外国人にも、ヴィザの取得手続きなどをアシストする。その目的は、はっきりしていて、「フランス語のプロモート」だそうだ。

ローマと並んで、カトリック神学の一大中心地だったパリなどの持つ「歴史的強さ」を、「フランスとフランス語の影響力の保全」のために利用しているのだ。

そんなわけで、「文化価値は高いが、初期の戦闘的ライシテの後遺症で貧乏な」フランスのカトリック教会を、国がそれなりに戦略的にアシストしているわけである。

そんなCARが、フランスの仏教者連合に招かれて話し合いをした。社会保障制度についてである。宗教者専門の社会保障制度も、元がカトリックの司祭用にできているものだから、独身の男が前提で、配偶者をカバーしないし、妊娠や出産に関する保護もない。

他の宗派の妻帯司祭や女性司祭にとっては不備だし、瞑想が活動の中心というタイプの仏教宗派や、一切の経済活動をせず布施だけで生きる宗派や、教育や文化の伝達は関連アソシアシオンに任せている宗派にとってなど、いろいろな不備がある。二〇〇〇年以来、フランスに三カ月以上暮らす人はみな、どこかの社会保険に積立金を払うことが義務付けられているのだが、宗教者用のCAVIMACは月々の支払いが四一〇ユーロ、四万円以上だから、無収入の宗教者にはとても払えない（仕事をしている宗教者は雇い主が一般社会保険に支払っている）。

フランス仏教連合は、カトリック離脱から生まれたライシテが諸宗教に平等に保証するばかりでなくアシストもしてくれるはずの制度に切り込んでいる途中だ。

旧植民地国の移民などが多いムスリムと違って、「フランス人の仏教徒」は、元インテリ左翼という感じの人が多い。フランスの法やソシアルに対する意識も高い。ライシテについてはもちろんだ。そういうインテリが、チベットの亡命僧などの権利を守るために奔走している。

二〇一〇年の時点で、CAVIMACに積み立てている宗教者は、仏教徒が七九人、イスラム教が八六人、正教徒が七七人、エホバの証人が七一五人である。フランスのライシテの実態を見る別の視座を提供してくれそうだ。

第五章

資本主義と合理主義の二つの型

本章では、「政教分離」と「市民社会」と並んで、近代社会の指標となる「資本主義」と「合理主義」がどのように生まれ展開していったのかを見てみよう。「政教分離」や「市民社会」の場合と同じように、宗教戦争以来、「資本主義」と「合理主義」の二つも、カトリック・ベースのフランス型と、プロテスタント・ベースのアングロ・サクソン型とに分かれていくのである。

†自然権に普遍性をもたらしたキリスト教

一六世紀の宗教戦争以前のヨーロッパにおける経済の発展はキリスト教ゆえにかなり均質的なものだった。ヨーロッパのキリスト教社会は、キリスト教の持つ「普遍主義」を基にして、経済圏を広げていったからだ。具体的に見ていこう。

アリストテレスなど古代ギリシャの経済観においては、視野にあったのはオイコス（＝家）とノモス（＝秩序）のプライヴェートな管理であり、その前提にあったのが奴隷制度の存在であった。奴隷制が認められていた社会では、財産所有という自然権に普遍的な義務という概念は伴っていなかった。キリスト教がヨーロッパに「普遍主義」（カトリックとは普遍という意味である）をもたらしたのだ。

戦争のない時期のヨーロッパ中世では、信心会、職工組合、縁日、巡礼などが、国境を越えて広がり、マクロ経済圏を作っていった。「他者からされたくないことを他者にしてはならない」という「十戒」の精神は、聖アウグスティヌス（三五四—四三〇）によって、「他者からされたいと思うことを他者にせよ」という読み替えをほどこされ、「自然権」の原則として認識されていった。

典礼の時間を知らせる教会の鐘が、生産と労働の時間にリズムと秩序をもたらし、生産性は向上した。一三世紀初頭、ピサの数学者レオナルド・フィボナッチがアラビア数字による計算法を商取引に導入した。

†高い金利を禁止した中世教会

資本主義は、本来は、イギリス国教会型ではないカルヴァン派ピューリタン世界で発展しやすかった。カトリック社会の方は、伝統的に「利子」を生む金融は異端視されていたから、資本主義が発展する土壌はなかった。

カトリックがヨーロッパを形成してきたのは本質的には土地に結びついた封建制度の社会だったので、いわゆる金融業のベースはなかった。キリスト教はすでに初期のニカイアの公会議で利子付きの貸与を糾弾し（聖職者によるものを禁止）、八〇〇年に西ローマ帝国皇帝としてヨーロッパ統一の基礎を作ったシャルルマーニュも同様の勅令を出したとされている。

一二世紀には貨幣経済が発展し、金融も再び神学のテーマになったが、カトリック教会は「暴利」を規制し続けた。そこには、トマス・アクィナスの大成したスコラ哲学に大きな影響を与えたアリストテレスのニコマコス倫理学における利子付き金融の不当性批判も加わっている。

聖アウグスティヌス　修道士たちに祈禱書を与えている。足元はアリストテレス。アリストテレスは物質の永遠性を主張し、アウグスティヌスはこれを否定した。

商業や産業上の金

融は容認されていたが、一三世紀には教皇グレゴリウス九世が投機性の高い金融を禁止した（一二三四）。第三章でも述べたことだが、十字軍の遠征や巡礼者の保護、カテドラルの建設などの事業を通して最初の国際的金融機関となったテンプル騎士団はヨーロッパ中の都市にネットワークを作ったが、一四世紀初めにフランス国王によって潰された。

キリスト教会の使命としての「貧者への施し」は、いつの時代も原則として意識されていた。世俗の支配者よりも先に教会が、生産者から税を取り立てることで「再分配」のシステムを構築した。

ルネサンス期のイタリアでは商人による都市国家が発展し、フランス国王と金利の利害をめぐって同盟や離反を繰り返した。

カトリック国の都市部では、土地所有が禁じられていて第一次産業に従事できないユダヤ人が商業や金融業の分野で台頭した。ヨーロッパの海運が発展し、海運業では特例として高利が容認された。ヨーロッパが新世界へと版図を広げた一五世紀には手工業、銀行、商業会社が次々と現れたが、王や領主の認可を必要とした。同時に、王や貴族は金融業に従事できなかった。ローマ教会は、金利行為を禁止し続けた。王たちも勅令によって農業に対する投資を規制した。

言い換えると、政教分離のない時代には、政治権力と経済勢力は、互いに牽制し合い、利用し合い、しかし、表向きには交わることがなかった。カトリックでは基本的には「金は堕落を招くもの」という合意があったからだ。経済活動の従事者は彼らの論理にしたがって私的な富を求め、政治的な支配者は公共の利益を図るという、経済と政治の対立的図式が長く続いた。

†プロテスタントの「経教分離」

利子付き金融を最初に受容した神学者は、フランスのプロテスタントであるジャン・カルヴァン（一五〇九―六四）だ。しかしカルヴァンは、宗教戦争の時代にカトリック陣営に結局留まることになったフランスから追われて、スイスのバーゼルに亡命した。カルヴァンは一派を起こすつもりだったわけではなく、聖職者の利権を優先するカトリック教会を批判してキリスト教の改革を目指し、プロテスタントの歴史の中で最初の体系的な神学書である『キリスト教綱要』を著した。

カルヴァンは、個人の救済はカトリック教会が発行するような免罪符で得られるものではなく神のみ旨によって定められているのだから、キリスト教徒は禁欲的な精神で合理的な経済活動を営むことで社会に貢献しこの世に神の栄光をあらわすべきだとした。

後にマックス・ウェーバーが『プロテスタンティズムの倫理と資本主義の精神』におい

ジャン・カルヴァン　厳格な聖書主義にもとづき、神の絶対的権威を主張して予定説を唱えた。

て、このようなカルヴィニズムと近代資本主義の成立には相関関係があると看破したように、実際に、カルヴィニズムの勢力が強かったオランダが、近代資本主義の先駆者となった。また同じくカルヴィニズムの中心となったスイスに拠点を置く金融機関は大きく発展した。それはイギリスなどのアングロ・サクソン国へと広がっていく。これに対してカトリック国のイタリア、スペインやルター派のドイツでの資本主義化は遅れた。と言っても、ヴェネチアやポルトガルなど、海洋貿易のための金融に特化した銀行では資本主義の論理が適用された。

一方フランスでは、中央集権国家による覇権主義と都市部における市民主義の発展とがついに齟齬をきたして、市民革命へとつながっていった。事実、一八世紀の時点では、王室の年報に収支決算が開示される銀行とは別に、商業都市には主としてプロテスタント国由来の投資銀行（ジュネーヴのマレ銀行、チューリッヒのホッティンガー銀行など）が拠点を構えるようになっていたのだ。フランス革命を機として、銀行活動も金融も完全に自由化し、国家財産や軍備を投機対象として資産を形成した新銀行（ガブリエル＝ジュリアン・ウヴラール、ジェームス・ド・ロスチャイルドなど）が続々と生まれた。

プロテスタント国における資本主義の「精神」とは、前述したように、もともとは拝金主義や利益のための利益の追求ではなく、職務遂行の「勤勉」だった。労働によって得られた利益も消費されるのではなくさらなる利益の追求のために投資される。

しかし、カトリック国で起こった横割りの政教分離（政治理念が宗教に優先する）と同様のことが、プロテスタント国では経済と宗教の分離として現れる。プロテスタント神学に由来する経済理念が、宗教から分離して、公生活での上位の活動指針となってしまったのだ。営利追求自体が自己目的化し、私的行為としての宗教の縛りを受け付けなくなる。これらの銀行が一八三〇年以降には、鉱業や手工業の出資者となっていったのだ。

ところが、フランスでは、カトリック教会の「社会福祉」を「国家」が受け継ぐという形が続いていた。「政治」が社会福祉を優先し、利益追求の「経済」と一線を画して今でも縦割りに併存している。そのために、フランスにおいては、公教育優先のために産学協同が抑制されていたり、労働者の権利保護が労働力の搾取を制限したり、「カトリック社会主義」を牽制するかのような社会民主主義の伝統が根強いのだ。

†レオ一三世の教勅――資本と労働の関係

カトリック世界は、中世以来すでに修道会や信心会を通じて社会福祉活動や互助保険活動の基礎を築いていた。こうした互助活動をローマ教会が教勅として打ち出したのは、レオ一三世による一八九一年の『新しきことがらについて Rerum Novarum』がはじめてだった。

近代においては資本主義の発展にともない貧富の差や労働力の搾取などの問題が生じるが、レオ一三世の『新しきことがらについて』は、こうした福祉問題について国家の役割を説いたもので、いわゆる教養の問題を論じたものではない。そこには、無神論を基盤とする社会主義や過激な労働組合の台頭を牽制する意味もあった。「資本主義の弊害と社会主義の幻想」という副題があるように、社会主義に移行すれば人間的な社会が実現するわけではないことを唱え、その後の保守左派や革新右派につながる「中道」の政策への道を開いた画期的なものだった。

ピューリタン的資本主義のメンタリティでは、勤勉に働いた者が富をなし、晴れて社会の「勝ち組」となった時には、いまだ貧困状態にある者たちに憐れみを施してみずからの徳を積むという形の「慈善」の伝統ができていた。それはむしろ、東洋的な「仁」の行為に似ている。いわば「上から目線」の援助である。

ひるがえって、カトリック教会の方は、労働者の境遇を改善し生存権を保障することは、憐れみの行為ではなく、「社会正義」の問題であることを明確にしたわけである（これはもともと福音書にも見られる思想だ。ぶどう園の収穫に雇われた日雇い労働者たちは、朝から働いた者も最後の一時間だけ働いた者も同じだけの給料をもらった。その日の食料と宿を賄うだけの給料は、労働量に関係なく、人間らしく生きるために必要だからである）。

レオ一三世は、資本と労働の関係について述べ、一党独裁を目指す社会主義や利益追求が自己目的化した資本主義とは別の、階級協調に基づく第三の道を促したのである。

実際、二〇世紀末に共産主義陣営が瓦解した冷戦後には、プロテスタント型資本主義のアメリカを中心に、国家による保護を最小化し規制を緩和する新自由主義とよばれる高度資本主義が席巻した。その結果、世界中で貧富の差が拡大していったといわれている。社会主義の崩壊に大きな役割を果たしたのは東欧圏であるが、その一角であるポーランドの出身だったヨハネ＝パウロ二世は、新自由主義の草分けだったアメリカのレーガン大統領と共闘したが、アメリカの消費主義や拝金主義を批判することは忘れなかった。

そのアメリカは一九九一年に第一次湾岸戦争へ派兵する時に、イギリスと同様に神の加護を公に口にした。ミッテランの社会党政権だったフランスは非宗教型「政教分離」国らしく一度も神の名を口にしなかった。カトリック教会を無視できない欧州連合は、社会保険制度や福祉に関して、明らかにアメリカ型の新自由主義経済を抑制しようとしてきた。

†合理主義の二つの形

資本主義と同様に西洋近代の経済発展を支えた合理主義の方も、カルヴァンが初めて体系的にキリスト教分派の神学として打ち立てた。カルヴァンは、カトリックに根強く残る聖人や聖遺物の崇敬や、カトリック型の聖餐（イエスの肉と血を分け合う）などをすべて呪術、迷信であり、救済とは無関係だとして廃した。この姿勢が科学技術の飛躍にもつながる近代合理主義の元となったといわれる。

ところが、実は合理主義というものの考え方に対しても、カトリック国とプロテスタント国とでは処し方が異なっていく。

ここでまず理解しておかねばならないことは、そもそもキリスト教には合理性が内在しているという点である。キリスト教はもともと古代の呪術的な社会を否定するところから出発している。偶像崇拝を拒否し、迷信や呪術や動物の犠牲の習慣も廃した。イエス・キリストの奇跡や死と復活という根源の事項については、信じるか信じないかという「信仰」の選択でしかないが、教義の他の部分では合理性を排斥するものではなかった。カトリック世界の高位聖職者たちは長い間、要するに「知識人集団」と同意であった。他宗教が混在するローマ帝国時代には、キリスト教徒たちが「無神論者」であると非難されていたのだ。

初期キリスト教が呪術性を否定した合理性を備えていたといっても、キリスト教がヨーロッパのラテン・ケルト・ゲルマン文化が混ざり合う地域に発展していくにあたって、厳格な呪術否定を貫きとおせたわけではない。ローマ・カトリック教会は、各地に根強くのこっていた妖精や土着的な神々の民間信仰を、聖母マリアや使徒、初期殉教者を中心とした「聖人」崇敬へと次々に置き換えることで習合させていった。民衆を前にした「現場」においては、教義上の超越神や「神の国」や永遠の命などの抽象的なテーマは、この世での安産、豊作、病気治癒、争いごとの勝利、飢饉や天災や疫病からの保護などの現世利益をどうもたらすのかという点に集約していったのだ。

こうした現世利益という欲望充足に求められるのは、相変わらず異教的な呪術の心性だった。だが、ローマ・カトリックはラテン語という共通語によって中世の知的世界を独占し、言語によって教義を維持した。

中世社会において高位聖職者は一種の封建領主であり、修道院は封建貴族から寄進された領地を効率的に管理し、支配した。高位聖職者の多くはイエスの唱えた平和主義や平等主義からかけ離れた暮らしをしていたものの、中世においては清貧と弱者救済の基本理念に回帰する内部改革者が何度も現れ、新しい修道会を作ってモラルを刷新した。中世史をつうじてキリスト教の世界はある種の均衡が保たれていたのである。

†ルネサンスから近代科学へ

ところが、ルネサンスにおける古代ギリシャの文献の再発見と、大航海による「新世界」の発見とにより、キリスト教世界が拡大した。その結果、中世におけるある種の安定が崩れてゆく。イベリア半島から追放されたユダヤ人学者によってもたらされたカバラや、アレキサンドリアのヘルメス文書の発見と訳出などが、占星術や錬金術の発展とあいまって、高位聖職者と神学者のレベルにまで新たな「呪術」的地平を開いた。いわば、民間信仰に残存し統合されていた「大衆呪術」とは別に、実験し検証を重ね、さまざまな仮説を展開していく近代科学の基となる「高級呪術」がヨーロッパの知識人世界を席巻したのである。

この「高級呪術」を推進した「科学精神」は、「信仰」には向けられなかった。多くの世襲（高位聖職者たちには財産があり庶子がいるのもめずらしくなかった）の貴族聖職者たちにとって、宗教は富をなし権力を行使するための道具に過ぎなかった。そのため、教養を科学的に検証するというような自己免疫疾患のような状態には陥らなかったわけである。

むろん、批判精神を従来の教義や神学理論に振り向けて、異を唱える者も存在した。だが、彼らが必ずしも排斥されたわけではない。時と場所と影響力と人脈とによって変化する「不都合さ＝政治的不公正」の程度によって、彼らは糾弾されたり看過されたりしていただけである。

そのようなデリケートな部分について、みずからもカトリック内部の人間でありユマニストでもあったエラスムスやラブレーなどは、堂々と揶揄を加え冷笑した。エラスムスの手になる『痴愚神礼讃』は当時の社会で広く読まれ、一世を風靡し、後に続く啓蒙思想の基礎を築くことになる。だが、その影響力があまりにも拡大し、「教育に悪い」と眉をひそめる者の数がある一線を超えると、異端宣告を受けて禁書に指定され、著者が破門されることもあった。

だが、総体的に当時の言論状況をとらえるならば、「頑迷なローマ教会が異端を片端から粛清する」ことはなかったのだ。合理精神を備えた知識人であること、ユマニストであること、カトリックのネットワークに組み込まれていることは、決して矛盾しなかったわけである。

この時期に、むしろ激烈かつ狂信的に「信仰」や「回心」や「贖罪」を説いたのは、一五世紀末にフィレンツェで神権政治を展開した修道士ジロラモ・サヴォナローラのような人間である。彼らには、政治・経済・科学技術探求と宗教との乖離を許容するルネサンス期のカトリック世界の欺瞞を、我慢することができなかったのだ。このような「過激派」は、さすがに他の修道会や政治家や教皇によって捕われて、殺された。

すなわち、合理精神は、いわゆる宗教改革の時代に先行して、ヨーロッパ知識階級のうちにすでに根付いていたと言える。ただ、大勢としては、彼らは、その合理精神を自分たちの宗教の「内部改革」に適用しなかった。政治や経済の巨大システムとして機能していた教会は、既得権益を守りながら、知的独占状態を利用して彼らなりの「合理精神」を「教義」や「典礼」とは別の次元で発展させていき、後の宗教改革や啓蒙思想を準備していたのだ。

カトリック世界では初期の段階から、一般信者のために、民間信仰の呪術崇拝などの「不合理性」が温存されていた。だが、それを真正面から批判し弾劾するのは体制内にある「大人の振る舞い」ではないとみなされていた。ある種の「不合理性」は社会秩序を維持するための「必要悪」として許容されていたのだ。しかし、そのような「迷信」が放置されていたからといって、それだけの理由で宗教改革があのような過激な形で起きたわけではない。高位聖職者たちが「高等呪術」へ耽溺していたからでもない。

宗教改革の先導者たちが義憤を爆発させたのは、高位聖職者たちの富の蓄積や奢侈な生活の堕落ぶり、道徳観の欠如と偽善だった。そしてその義憤の根拠となるものこそ、イエス・キリストの福音書であり、聖書の教えだったのだ。

教皇と世俗の王たちとの権力争いや、大分裂《シスマ》時代（一三七八―一四一七）を経た教皇と公会議の間での主導権の争いのせいでカトリックの体制はひずみと制度疲労をおこしていた。それゆえに体制内での穏健な改革の進行が不可能になったのだ。

†宗教改革を超えて

懐疑派と義憤の神学者の中には大きな影響力を持つ者も出てきた。たとえば、ウィクリフ（一三二〇頃―八四）やフス（一三六九頃―一四一五）がそうである。

ウィクリフはイギリスにおける宗教改革の先駆者であり、彼の思想はその後の宗教改革の源流にもなっている。当初、ウィクリフは王権の優位を認めたため、反教皇政策をとる国王から保護された。ロンドンで

ウィクリフ　宗教改革の先駆者。カトリック教会を批判し、聖書に信仰の基礎をおくことを唱え、聖書の英訳を試みた。

刑場に連行されるフス　コンスタンツ公会議（1414—18）記録所載の細密画。ウィーン、国立美術館蔵。

使徒的清貧を説き、民衆から信頼が寄せられるようになる。やがて教会への批判を強め、ウィクリフは教皇を痛烈に批判したため、教皇グレゴリウス一一世より指弾をうけた。彼の著作物は異端と断定されたが、東欧などに写本が伝わった。

そのウィクリフの影響を受けたのが、ボヘミアの宗教改革者であるフスである。プラハ大学教授を経て同大学学長を務めるとともに、プラハのベツレヘム教会の主席司祭を兼務したほどの影響力をもっていた。やがてウィクリフの説に共鳴するようになり、聖職者の堕落を糾弾し、宗教改革運動の先頭にたつようになる。ローマ教会の優越的地位やローマ教皇の権威を否定したため、プラハ大司教と対立して破門された。一四一四年コンスタンツの公会議に召喚され、翌年、異端の宣告を受けて焚刑《ふんけい》に処せられた。

ウィクリフやフスは、教皇・公会議・聖職者たちがキリスト教信者の良心を支配することに異を唱え、「唯一の権威と行動の指針は聖書でなくてはならない」と既存の教会勢力に反旗をひるがえした。ローマ教会の譴責を撥ねつけ毅然として殉教したフスが、ボヘミアの民衆に残した影響は大きい。

結局、ローマ教会を攻撃し、破門され、異端宣告を受けた宗教改革者たちが、西ヨーロッパで千年続いたローマ・カトリックという環境を崩壊させた。ローマ・カトリックの方もまた、批判された部分にまじめに反応せざるを得ず、一六世紀半ばにようやく内部改革が行われた（トリエント公会議）。カトリック指導層の内部にもユマニスムと合理主義はダブル・スタンダードとして行きわたっていたので、後は、典礼や教育や制度を刷新し、聖職者たちの頽廃していた行動指針を整えて自浄し、カトリックに留まった王たちと利害の一致を図ればよかったのだ。この、プロテスタントの離反とその結果としての「キリスト者同士の殺し合い」という試練をくぐりぬけてさらに体勢を立て直した成功体験によって、カトリック教会はその後も現代に至るまで、ローマ教皇を首長とする同質性の高い宗派として進化していく道を開いたのである。

†プロテスタントの合理主義、カトリックの合理主義

ではその結果、プロテスタント国の「合理主義」とカトリック国の「合理主義」とにどういう差ができたかというと、プロテスタント国では、信仰と「合理主義」とを両立させようとして、聖書の非合理的部分を象徴的に解釈したり、神話的部分を取り除く「非神話

化」をすすめたりする流れが生まれた。カトリックの呪術的典礼や聖人信仰などを廃していっても、唯一の拠り所として残った「聖書」自体の記述に「合理主義」との齟齬を見いださざるを得なかったからである。

一方カトリック国の方では、社会秩序の安定と支配の道具としての伝統信仰の部分は「教育的配慮」から温存し、政治的もしくは経済的な分野では聖俗が利害をすり合わせて拮抗し合うという状態がさらに続いた。

しかし、たとえばフランスのような国では教皇の影響力は低減していった。知識人である合理主義者たちは、「聖書」を無理に「合理的」に解釈することを目指さない。「聖書」や「典礼」については冠婚葬祭と共同体の潤滑油と婦女子の教育のために従来の伝統を守りながら、思想的には、「聖書」を離れて世界の創造主としての神のみを残し、神の被造物である世界の解明、神の似姿である人間の洞察へと興味をシフトしていったのである。

プロテスタント国型の思想家が、聖書やキリスト教の中にある「不合理」な部分を人間の持つ実存的な恐怖や無知によって心理学的に説明しようとしたのと違って、カトリック国型の思想家は、キリスト教のメッセージの中から「普遍主義」につながるものを抽出して、合理主義に耐える寛容な新宗教たる「理神論」を展開していった。思想が「神学」から「哲学」へと舵を切ったのだ。

たとえばヴォルテールのようなカトリック国型の思想家は、「ローマ教会」という地上の権威を一応是認するわけだから、神学論争はしない。しかし、実際にはローマ教会の思想的権威はすでに認めていないのであるから、無神論の立ち位置に近い。

ヴォルテールが『寛容論』で看破したように、歴史上、どの宗教もどの社会も、「神」を掲げる人間が他の「神」を掲げる人間を共同体の利益に従って排除、殺戮を重ねてきた。だとするならば、「人」の掲げる「神」はすべて「偶像」であり口実でしかない。真の神は道具としてはあり得ないのだ。この世には人間の扱えるような形での神は存在しないのである。フランス革命の中心となった理神論者たちにとって、「至高の存在」とは人間の内にあってみずからを律する「理性」であった。

理神論者たちは、宗教の提供する道徳法則は社会に不可欠だと考えていたので、それを既成宗教から解放するために、ルソーやカントがさまざまな形で唱えてきた「普遍妥当な道徳法則」の存在を自明なものとした。人間は「自由」な存在だが、「自分の仲間だと見なさない他者」を排除したり、抹殺したりする傾向がある。そしてそれを悪と見なし、罪悪感を持つことができるのもまた人間の特性だ。人はそれを矯めるために、個々の自由の一部を返上して「神」を要請したり、国家を形成したりするのだ。

ジュネーヴに亡命したカルヴァン派家庭の出身だがカトリックに改宗したルソーは、パリの知識人の本音にある無神論を見抜いて、人間の本性に基づく自然宗教という考え方を採用し、方便としてのキリスト教観を教育論（『エミール』）の中で展開した。そのためにパリ大学神学部から追われたが、これはルソーが他の生え抜きのパリの知識人たちと異なって、理神論の本音と行動様式としてのカトリックとを使い分ける空気を読めなかったせいでもあった。

そのルソーの影響を受けたカントは、ルター派の敬虔主義の環境で育ちながら科学精神を追求した。その結果、彼の思想は自由主義神学のように信仰につじつまを合わせる方向に向かわずに、人が直接認識して理解できないような問題については「解釈しない」という不可知論者のような方向に向かったわけである。

自由主義神学というのは、主として近代ドイツ語圏に現れた。ドイツは領邦国家で、宗教戦争以降はカトリック国とプロテスタント国に分かれたが、そこで棲み分けに至ったために、政治哲学は理神論や無神論の方向には進まなかった。フランス革命の後にナポレオンが侵攻してきたが、共和国的な法のシステムはなかなか一般化されなかった。

国家としての凝集性が欠けていたため、近代ドイツはまだ政治や社会の根幹においてキリスト教を必要としていた。そこでドイツの神学者たちは、キリスト教の「不合理」な部分を不問に付したままで政治に組み入れることもせず、また、キリスト教を下部構造に押し込めて表舞台ではキリスト教とは別の非宗教的共和国理念に置き換えることもせず、「キリスト教」自体を「近代」にふさわしい神学で捉えなおそうとした。

ドイツ内のユダヤ人たちが果たした役割も特筆に値する。一五世紀末にイベリア半島を追われて以来ヨーロッパに拡散したユダヤ人は、キリスト教社会内で、体制宗教の不寛容を刺激せずに生きのびるためにさまざまな適応をしていた。民衆からは常にスケープゴートとして差別を受けていたが、貨幣経済の発展とともに、銀行家として力をつけたユダヤ人は王室や宮廷からの保護を受けていた。キリスト教内部が反目しあった宗教戦争の後の啓蒙思想と近代化の波はユダヤ人社会も同時に体験した。ルイ一四世がナントの勅令を廃止した後で、多くのプロテスタントとユダヤ人がドイツのプロテスタント公国などへと亡命した。

フランス革命後のフランスにおいては、横割り政教分離のシステム内で生きることは、ユダヤ人にとっては相対的に楽だった。フランス的「近代」の「敵」とはいつも「カトリック教会」であったからだ。

それに対して、ナポレオン戦争で侵略されたドイツにはナショナリズムの機運が高まっていた。多くのユダヤ人たちは、公共の場ではドイツ人と同じように暮らすことで同化の道を選び「ドイツ市民」のアイデンティティを得ようとした。それがハスカラと呼ばれる近代ドイツのユダヤ啓蒙主義運動である。その先駆者として有名なのはモーゼス・メンデルスゾーンで、ユダヤの立法や世界観は共同体限定のプライヴェートなものであって公共の場では優先しないとした。続くアブラハム・ガイガーもユダヤの律法や歴史の再解釈に寄与した。シナゴーグでの祈りにもドイツ語が使われた。ユダヤ教は近代国民国家の市民生活に適合することが強調された。

皮肉なことだが、このような「ユダヤ啓蒙主義」の改革は、カトリックの枠組みを温存したままで改革や妥協を図る「なしくずし普遍主義」のフランス型にむしろ通ずるところがある。すでにカトリックを否定して、新たな宗教的信念を築きつつあるプロテスタント国においては、完全に受け入れられるわけではない。実際にヘーゲルはユダヤ教の近代性を全否定した。

ヘルマン・コーヘン(一八四二—一九一八)はカントに依拠しつつ、カントの説く「宗教の本質は社会生活の方便としての理性による道徳である」という論点に目を向けた。さらに、信教の自由や私的限定生活を説くのではなく、ユダヤ教とドイツのプロテスタンティズムとは神学的に同根であって両立できる、ユダヤのメシア主義は住んでいる場所のナショナリズムに同化できるとした。

ドイツにおけるこのような論争はアカデミックな場を通じて広がり、プロテスタントは

「神学」と聖書解釈学に合理主義を適用したのである。

このように、いろいろな流れを汲む啓蒙思想であるが、フランスでは「反カトリック教会＝無神論＝理神論」という図式が成立していたため、「教会の『神のことば』を消去してその機能だけを全面的に受け継ぐ」タイプの共和制へと向かった。その共和国の下部構造としてのカトリック教会は、同じ近代主義と共和主義を、「神のことば」を温存しながら語るスペースになった。

イギリスでは、国王が国教会の長となり、「神のことば」という地色の上に民主主義国家の言葉を重ねた。

アメリカは、「進化する旧勢力」や「硬化する旧勢力」などが存在しない「新天地」だった。合理主義や資本主義の自由な発展が可能な環境に「キリスト教近代」が接ぎ木されたので、「神のことば」と「民主主義のことば」とは、結局横並びに進み、必要に応じて互いが互いを利用した。アメリカには旧勢力との相克や共進化がなされる条件がなかったので、自由で多様なモザイク国家のパワーは十分発揮されたが、公の場で建国の「神の言葉」は生き続け、個々の共同体内では宗教文化が進化せずに保存されるという乖離は続いた。アングロ・サクソンのピューリタン型の「理想」や建前は今も根強い。

これに対してフランスでは、カトリック教会そのものが「啓蒙路線」を少しずつではあるが着実に進んでいった。ローマ・カトリック教会自体が、一八七〇年に教皇領を失ってからは、政治、経済、軍事、イデオロギーの束縛から解放された。西洋近代の揺籃となったキリスト教世界のベースにある伝統を受け継ぎながら、平和主義、生命尊重主義、平等主義、弱者保護主義などを掲げる「キリスト教的価値観」の発信者としてヨーロッパで独特の立ち位置を保持するとともに、中南米やアフリカなど非ヨーロッパ世界を中心に拡大するカトリック世界にはりめぐらされたネットワークの中心ともなっていったのである。

第六章　非キリスト教国の民主主義

†マリの憲法

二〇一〇年九月下旬、マリ共和国の森の中で、アマドゥ・トゥマニ・トゥーレ大統領を囲んで、独立五〇周年を記念する式典が行われた。セレモニーの山場は、クルカン・フンガ憲章またはマンデ憲章と呼ばれる「アフリカ最古の憲法」の記念碑の礎石を置くことだった。一二本の柱で支えられる二三メートルの記念碑の上には地球儀が掲げられ、この憲法が実は世界最古のものであることが誇示される予定である。

社会組織、人権と公生活の自由の保護、職業活動の保護などを明文化したこの憲章は、実は、イギリスの権利章典やフランスの人権宣言に何世紀も先立つ一二三六年に制定されたという。口承によると、一二三六年は今のマリ共和国やギニア、ブルキナファソ、コートジボワールにまたがるマンデ王国内でキリナ戦争が終結した年であるという。勝者で新しい王となったスンジャタ・ケイタは、王国の再統合と秩序の維持を願い、一二部族の族長たちをクルカン・フンガに召喚し、一週間にわたって王国内に共通の原則を制定するために協議した。

口承叙事詩によると、スンジャタは、部族間抗争で土地を奪われた者たちに、新しい土地を与え、各部族の権利を明らかにし、部族間の同盟を強固にした。その「憲法」は、何世紀も口承で伝えられ、一九九八年にギニアのカンカンで行われた語り部の集まりでさまざまなヴァージョンが披露されたのをきっかけとして、法学者スィリマン・クヤテの手によって編集され書き起こされることになった。それが公用語のフランス語に訳されアフリカの政治思想の源泉として広く知られるようになったのだ。

四四箇条の憲章には、「各人は生命と肉体の全体性の権利を有する」、「女性は、日常の活動に加えて、あらゆる統治機構に参加しなくてはならない」、「大集会においては、代表者に委任しなくてはならない」などという条項が並び、アフリカの歴史学者たちは、これがマグナカルタ(一二一五)や聖ルイ王の条例に匹敵するものであるとした。セネガルのガストン＝ベルジェ・ド・サン・ルイ大学のディブリル教授はクルカン・フンガ憲章はアフリカの価値観を最も顕著に示すものだと称揚した。

人類の祖先はアフリカ大陸に生まれた。しかし、近代以降の世界の中で、アフリカはヨーロッパ人やアラブ人に侵食され、搾取され、果ては「発展の遅れた国」、「非文明的な国」であると見なされるようになった。奴隷制が廃止され、帝国主義の嵐が去っても、アフリカはさまざまな傷を負ったままでいる。そんなアフリカにとって近代ヨーロッパ人の専売であったかのように思われている「法の概念」や「人権概念」や「女性の政治参加」などが、ヨーロッパ近代よりもはるか昔に存在していたというのだ。アフリカは「人類」のふるさとであるだけではなく「人権」の故郷でもあるのだ。マリ共和国の愛国心も燃え上がった。

もちろんこれに異を唱える人も出てきた。そもそも口承文芸の正確な成立年代を知るのは難しい。一二三六年というのも、二〇世紀初頭にフランス人民俗学者がマリの前史を調べて割り出したものだった。今はそれがすべてのアフリカの歴史文献に繰り返されている。

それだけではない。『マンデ憲章』として口承されてきたものには少なくとも三つのヴァージョンがあり、その一つは一九四九年に成文化された慣習法、一九六五年に民俗学者が書きとったより個人的で普遍的な『狩人の誓文』、最後が一九九八年に語り部から集積した『クルカン・フンガ憲章』である。この三つの間で、「アフリカ最古の法」という名誉を得るための競争もあったらしい。また、これらの口承が書きとめられた時代はいずれも、すでに、西洋近代の進歩概念がもたらされた時代である。

†古代模倣

レヴィ＝ストロースが指摘したように、ヨーロッパ人は自民族中心主義の目でアフリカを観察したので、アフリカを「遅れている」と見なした。一神教は最後の審判の日に向かって神の国を築いていく線的歴史観を持つが、一神教に固有の技術を加えていく蓄積型の文明と、時代が線的に進んでいかない静的または循環型の文明では「進歩」の基準も意味も違ってくる。文字を持たなかった国は発展途上の「子供」ではなく「子供時代に日記を書かなかった」大人なのだ。

しかし、「文字をもたない大人」が「文字をもつ大人」から文字を学ぶならば、文字とともに思考法も受け入れることになる。そして、みずからの子供時代のことを新たに書きとめるとしたら、その内容は「文字をもつ大人」から影響を受けるだろう。文字文化を自分に固有な発想に合わせて作り直すには時間がかかり、政治的・社会的な安定も必要となる。このことは、固有の文字を持たなかった日本人が漢文で書いた万葉歌と、仮名交じり文で書くようになった時に生まれた和歌を比べてみると、反映する空気が明らかに違うことを考えてみれば明らかだろう。

マリ人にはそのチャンスがなかった。しかしヨーロッパ基準で「遅れている」と見なされた過去と決別するには、みずからの過去を「ヨーロッパ」型思考の文にまとめ上げる必要があった。ヨーロッパの土俵に上がって、自分たちが彼らの価値観を彼らよりも前に体現していたということを示す必要があったのだ。はじめて文字を手に入れた大人が、文字によって「大人の自分」を表現する代わりに、自分の子供時代の日記を「子供らしい表現」で書きあげて、文字をくれた大人が子供の頃に書いていた日記に対抗しようとするようなものだった。「古代模倣」という現象が起こるのだ。

問題は、どちらが先に憲法を作っていたかではない。成文化された「憲法」が実はどれだけ「近代」に適合し、グローバル化される社会に応用されるかを検証することだ。クルカン・フンガ憲章の導入部では、自然状態の人間は戦争状態になるだろう、というホッブズの論に通じることが述べられているし、「社会契約」の必要性をみとめる立論も共通している。だが、社会思想的な問題についての考察はそれ以上に立ち入らず、個人や主体の権利といった方には展開しない。クルカン・フンガ憲章の中心的な関心は、あくまでも部族間での約束事をどのように契約するのかであって、「市民」の権利はまったく顧みられてはいない。部族社会にはカーストも温存され、部族間の力関係も固定されている。

「西洋近代」のフィルターで観察すると、クルカン・フンガ憲章は決して基本的人権を土台にした憲法の「祖先」などではないのだ。

それなのにどうして、マリ共和国の大統領が仰々しい記念碑を建てるのだろうか。それは、「クルカン・フンガ憲章」が、マリの国内政治にとって有用だからである。その効用はいくつかある。たとえば、マリが過去から常に「民主主義」の国であったことを示して、歴史や政治を正当化できることや、部族間に祖先からの条約があったことを根拠にして、地方分権の政策を進められることだ。現代世界の諸問題は八〇〇年前にすでにマリで解決されていたと喧伝することで、アフリカはルネサンスの時代を発見できるのである。

これはマリ共和国だけのナショナリズムではない。これまで「部族間抗争ばかりしている内乱の地」であるとしてヨーロッパからの干渉を受けていたアフリカに、「人権擁護の伝統」を再創造することで、マリ、ギニア、セネガルが平和に共存している体制を強固にし、平和な近代アフリカというイメージを提供しなければならない。そして、彼らの平和と近代は「ヨーロッパに押し付けられたもの」ではなく、彼ら自身の「クルカン・フンガ憲章」にインスパイアされたものである、と位置づけられるのである。

このように考えてみると、このクルカン・フンガ憲章が二〇世紀に政治的イデオロギーのバイアスをかけられて書かれたかどうかはもはや重要ではない。キリスト教起源のヨーロッパが醸成して作り上げた自由、平等、友愛の理念と民主主義は、近代ヨーロッパにおいては、「人類普遍の価値」だと謳われているのだ。それならば、その「普遍の価値」が非キリスト教文化圏のアフリカで、ヨーロッパより早く確立していたと考えても一向に構わない。最終的には、「同じ言葉」で話し合わない限り、「普遍の価値」など永遠に実現できないのだから。（参考 Cedric Enjalbert. "*Afrique, berceau des droits de l'homme?*". Philosophie Magazine No 50.）

†ダライラマの「独裁」

二〇一一年三月二八日、北インドのダラムサラにあるチベット亡命政府から国家元首・第一四世ダライラマの名が消えて、自由チベットは「共和制」に突入した。

一九五九年の亡命以来、亡命政府に民主主義と議会制を導入しようと考えていたダライラマは、二〇〇一年に最初の選挙を行って首相を選出した。それから一〇年経って、「議会制」が軌道に乗ったと考えたこと、終身の国家元首である自分が七六歳になったこともあり、三月一日に「政教分離」を宣言したのである。

ダライラマの民主主義志向はすでによく知られている。「民主主義」導入後に起こった一つのエピソードをまず紹介しよう。

インドの南に、日本の資金援助によってダライラマが再建した名刹ガンデン僧院がある。

二〇〇八年の三月、その敷地を二つに区切る壁ができた。壁には窓も扉もない。壁の両側に分かれた僧たちは、交流を断ち、互いに憎みあっている。

ことの起こりは、チベット仏教内部の一つ伝統的なシンボル（ドルジェ・シュクデン）の崇敬をめぐって、ダライラマがそれを禁止し、それを捨てない僧は各僧院から追放するという決定を下したことである。

ダライラマは、亡命生活が半世紀におよぶとはいえ、国際的な宗教間の対話の立役者となり、ノーベル平和賞を受賞するなど、そのカリスマ性は大きい。イスラム教やキリスト教も尊重し、評価もするし、チベットの古宗教であるボン教にすら寛容だ。

その彼が、なぜ、チベット宗教のゲールク派内部の伝統派と進歩派の争いを前にして片方を「異端」として追放するような「不寛容」を選択したのだろうか。これは、自派の内部での意見の食い違いがある場合に、広く「現場の意見」を聞いて、たとえば七〇％が賛成すればそちらを選択するなどの原則に従う方針であるからのようだ。亡命政府に導入した「民主主義」体制の多数決主義を尊重しているのだ。

ダライラマは、中国共産党からさんざん「封建主義の独裁シンボル」だとして非難されてきた。実際は、ごく若くして、政治的な動乱の渦中に入り、責任感の重圧の中で、生き延びて、チベット文化や仏教の平和主義を世界に知らしめた功績は国際的に広く認められている。だが、チベットへの植民を続けている中国共産党からは「悪魔」のようなイメージを与えられている。ダライラマはその稀有な運命に翻弄されつつも、仏教の基本を守ることとともに、他宗教や他文化と連帯するために「リベラル」を目指し、「近代的」な価値観を表明している。過去のチベットの単一宗教による社会の支配の体制を見直し、「民主主義」に行き着いたのだろう。

しかし、その結果、たどりついたのが、対外的には尊重と寛容、内部的には民主主義(＝多数決)による判定の選択だった。それがドルジェ・シュクデン信仰を廃するという、伝統を切り捨てた通達に現れたのだ。民主主義の理念には「マイノリティの尊重＝少数者の最小抑圧」もあるはずだし、ましてや同宗教の内容に関するようなことについては、たとえ、九九％が賛成しても、それが自分の掲げる大義に反しているなら採択しない、という判断もあり得るはずだ。

「迫害」されている側は、ダライラマを「偽善者」とまで非難するが、むしろ、彼はみずからに課した「民主的原則」の犠牲者かもしれない。確実に言えるのは、二分された壁の両側では、僧たちの互いへの憎悪が高まっていて、それが、チベット人たちにも彼らの宗教にとってもマイナスだということだろう。ダライラマに請われてガンデン僧院長を六年勤めたことがある高僧は、弟子たちが二派に分かれて憎み合う様子に心を傷め、ダライラマの方針を批判したが、「ダライラマ派」の過激な若い層から脅迫を受ける始末だった。
この「内部分裂の危機」はもちろん中国側に都合のいいことだった。「ダライラマが宗教の自由を認めない」と中国政府に訴えるチベット僧すら出てきたから で、共産党政府が、「宗教の自由」の側に与する戦略をとって介入するなど、とんでもない状況が出現した。

民族色の濃い宗教共同体が半世紀以上も亡命や離散を余儀なくされていると、当然いろいろな部分で緊張、齟齬、誤解、劣化、破綻が起きるだろう。それは、宗教の内容とは別の人間的な危機である。

ガンデン僧院に壁ができた二〇〇八年は北京オリンピックの開催に伴って、中国内のチベット人の「暴動」が起こった年でもある。亡命政府内の若者たちもこれに呼応した。多くの人がダライラマの「蜂起」を期待したが、ダライラマは暴力による抗議を否定し続けた。それに失望した若い僧もいる。二千年前にローマ帝国統治下のパレスティナで、ユダヤ人は独立運動のリーダーとしてナザレのイエスに期待を寄せたが結局は実現せず、人々が失望したのと似ている。ダライラマは、政治力や軍事力によってチベットを奪還するといった構想を持たない。ナザレのイエスが、時の支配者の制度に抵抗しないという「政教分離」を表明したように、ダライラマもまた、宗教指導者としての自分が政治的な決定に関わらないことをしないと選択したのだ。

その帰結が、二〇一一年三月の「政教分離宣言」だった。ダライラマは一貫して政治性を身にまとうことを忌避したにもかかわらず、民族的な危機を生きるチベット人たちは否応なく「政治的存在」である。個人のなかですら「政教分離」はできていないのだ。「政教分離宣言」を知らされた世界に散らばる一三万人の亡命チベット人や中国内にいる六〇〇万人のチベット人たちはみな、突然孤児になったかのように衝撃を受けた。

ダライラマによる神権政治は、ダライラマ五世がモンゴルから主権を譲られた一六四二年から四世紀近く続いていたのである。しかも、このような「革命的」変革は、民衆の要望や要求から起こったわけではない。もし直接民主主義で「国民投票」をしたなら、圧倒的多数が、ダライラマが国の首長であり続けることを望んだだろう。

言い換えると、この「政教分離」の決断は、革命や内乱はもちろん、投票や合議によるものでもなく、まさにダライラマの「独断」だったのだ。ダライラマ体制は中国共産党から「封建的独裁」だと激しく非難されていたわけだが、「政教分離」はその「独裁者」による決定だった。

亡命政府の民主的「議会」はあわてた。そして、ダライラマにその「決定」を捨てる要請を投票によって「決議」した。ダライラマはこれを拒否した。亡命政府はさらに特別議会を開き、五月二八日に、ダライラマに「立憲君主制」の首長としてのタイトルを受け入れるように説得しようとした。ダライラマはこれも拒否した。その結果、チベット亡命政府は憲法を改正し、「共和国政府」となったのだ。

イギリス連邦加盟国であるインドに亡命政府を構えるダライラマは、英国王室は大いに尊敬しているが、「象徴的存在にはなりたくない」「首相に操られるマリオネットのような気がする」「私たちは共和国型の完全な民主主義となるべきだ」と語っている。「王や宗教の長が治める国はアルカイックである」というのは、ダライラマが長らく確信するところだった。「政教分離の原則」を自分に適用しないのは偽善となると感じていたという。

では、宗教の長としてはどうだろう。

中国が独自の「生まれかわり」を認定したパンチェンラマの例でも明らかなように、今のダライラマが亡き後に、次のダライラマが誰にどのように選ばれて利用されるかどうか、混乱は目に見えている。伝統的なシステムを続ける限り、必ず一人の「子供」が政治権力と宗教の道具にされるわけで、近代民主主義への移行を決意したダライラマとしてはそれも避けたいところである。

一人の子供の「人権」を考える時、みずからも幼くして選択の余地なく今の地位に就かされたダライラマは、生まれかわりの認定についても新しい意見（チベットの伝統の中に存在していたもの）を持っている。宗教の指導者としての資質があるかどうかを一五、一六歳までにラマたちが見届けてから初めてダライラマとして認定したり、前任のダライラマが後継者を指名したりするなどの方法だ。高僧たちの会議においてダライラマは、枢機卿らによる選挙というローマ教皇の選抜法を選択肢として挙げたことがある。

高僧らは「今はまだその時ではない」と決断を先送りにしているが、「独裁」ダライラマがそのうちに制度改革を決定するかもしれない。自身では、チベットに生まれかわることはない、自由の国に生まれることは確実で、女性として生まれるかもしれないと語っている。

中国内のチベット人がダライラマとして政治的に利用されるのを牽制しているのかもしれないし、「近代」や「民主主義」をさらに進めて女性の宗教リーダーの可能性を示唆しているのかもしれない。宗教でも合議制というのは必要だが、民主主義、とくに多数決が少数者を切り捨てる「多数の専制」という問題がある。

多数決で「民主的」に選ばれるローマ教皇が、教義については自分の信念を曲げないことで、「近代的でない」と批判されたり、神託によって導かれ、子供の時に生まれかわりを認定されて選ばれるダライラマが、典礼の内容について多数決路線を採用して批判されたり、「政教分離」を「独」りで「裁」決する「独裁」を貫いたり、宗教・政治・民主主義と近代—前近代の問題はかくも錯綜する。

政教分離宣言の後、一三カ国にまたがる亡命チベット人の選挙により四月二七日に新首相に選出されたのは、米ハーバード大上級研究員である四三歳の法学者ロブサン・サンガイだった。八月の就任式でダラムサラに居を移し、亡命チベット政府の首長となる。イギリスの影響を受けたインド生まれでアメリカのハーバードで学んだ新しい若い首相はいったいどのような「近代」のヴィジョンを持って、どのような民主主義を築くのだろう。

（参考 http://dorjeshugdentruth.wordpress.com/2009/12/17/why-does-the-dalai-lama-persecute-shugdens-but-not-the-bon-religion/
http://dorjeshugdentruth.wordpress.com/2009/01/14/the-twelfth-samding-dorje-phagmo-admonishes-the-dalai-lama/
Le Monde 2011/8/2　ダライラマのインタビュー記事

†〈近代〉の暴走

イスラム世界は、近代欧米が達成した世界標準の「民主主義」とは相容れない世界だといわれていた。二〇世紀末にハンティトンが『文明の衝突』で危機感を煽り、二一世紀初頭にはまるでそれが実現したかのようにイスラム過激派によるアメリカの同時多発テロが起こり、それに続いてアフガニスタン、イラクへの侵攻と、「民主主義国」と「非民主主義イスラム」との戦いは深刻化していくように見えた。

欧米型「民主主義」が名実ともに「世界標準」であるとみずから豪語しはじめたのは、冷戦が終わって、「社会は資本主義から共産主義へと移行発展する」というマルクス・レーニン主義が破綻したと見なされたからだろう。フランシス・フクヤマは、民主主義と資本主義が最終勝利を収めることで人類の発展の歴史が「終わる」という仮説まで立ち上げた。

しかし、いざ冷戦が終わってみれば、それまで「一党独裁社会主義国」に対抗する「自由主義民主主義国」の陣営が、単にソ連に対抗する「親米国」の陣営であったことが明らかになってきた。その中には、民主主義とは名ばかりの世襲制である軍事独裁政権も少なくなかったのである。

そうした国では、冷戦中に「親米」で懐を肥やしてきた少数の支配者と、強権によって支配されている多数の国民との亀裂が明らかになってきた。不満分子は親米政権を批判し、さらに「反米」は「反キリスト教」「反民主主義」の様相を呈してきたのである。旧「社会主義諸国」では、元キリスト教文化圏の国々は、正教（ロシア、ルーマニアなど）を復活させたり、カトリック教会（ポーランド、ハンガリー、クロアチアなど）を復興させたりすることで、「キリスト教文化圏」に回帰しながら、資本主義の繁栄の恩恵を受ける方向に向かった。

自国内の社会主義者を牽制するという歯止めのなくなった資本主義先進国では、市場経済至上主義と言われる弱肉強食の新自由主義に基づく規制緩和のグローバル経済政策が進められ、貧富の差は、国際的にも国内的にも歴史上例のないほど拡大するに至った。

第二次大戦後の復興の時期に始まった社会民主主義の福祉政策を維持しようとするヨーロッパ社会、失業者や破産者や自殺者の増える社会、投機的金融の舞台となって財政を破綻させていく社会など、さまざまなケースが出現したが、イスラム圏諸国ではそれが別の形で現れた。

イスラム圏諸国の社会問題は、他の文化圏の社会問題と同じ構造からうまれたものだったのだが、スケープゴートとされたのは、対外的には「キリスト教文化国」であり、国内的には「アメリカとユダヤの資本によって腐敗している」寡頭政治の支配者たちであった。北アフリカのイスラム諸国はヨーロッパの「旧植民地」であったことから、「旧宗主国」

も憎悪の対象となった。内戦が続き、独裁政権はますます弾圧を強め、イスラムを「イデオロギー」とした過激派は国際的なテロリスト・グループを形成した。肥大した資本主義国家はこれに反応した。もともと近代「欧米」の帝国主義国家は、軍事力や戦略とモラルの優越性をセットにしていた。支配や権威は道徳的優越性によって保証されていると信じていたのだ。

しかし彼らの〈近代〉が世界標準になった時、道徳性はすでに問われない。ロシア、中国、インドなどといった「キリスト教モラル」をセットにしない国が急速な経済発展を遂げるにつれ、その追走を目にした傲慢な「欧米」に「恐怖」が忍び寄ってきたのだ。

グローバリゼーションによって、経済的な競争力のある国は「欧米」と「対等」になった。かつては、「支配」や「搾取」の対価として「文明」や「技術」を与えていたという優越性の根拠が失われたのである。欧米はみずからの優越性を守るために別の価値を考え出した。その論理とは次のようなものである。普遍主義に基づく「基本的人権」は今や世界標準の「善」とされているのに、世界にはそれが踏みにじられている場所がたくさんある。「人権」先進国である欧米は、グローバルな視野での「公共の利益」を守らなくてはならない。たとえ他の国の特殊例であろうともそれを保護することが「人権先進国」の義務なのである——。

この論理は、フランスのような「普遍主義」理念の国では、「国内」にも適用されている。自治体、集合住宅におけるマイナーな共同体の中でも、特定の家庭内においてさえ、「個人」の人権が侵害されていると見なされると国家が介入するのである。これが「全体主義的な行き過ぎ」へと流れるのか、家庭内暴力や家庭内搾取や、習慣や伝統による結婚の強制や未成年労働などに介入して「弱者」を解放する「正義」の政策となるのかは、時と場合と利害関係の組み合わせによって決まる。

†アメリカの「正義」

これに対して、アメリカは「共同体主義」（コミュニタリアニズム）を採用して、マイナーな共同体内の慣習や伝統には国が干渉しない建前となっている。それが、少数者の固有の文化を保護しリスペクトすることになるのか、時としてそれを成り立たせている女性や子供などの基本的人権の侵害を看過することになるのかもまた、一律に論ずることができない問題である。

興味深いのは、自国内では共同体主義を採用しているアメリカが、こと「国際問題」に関しては、「普遍主義」をふりかざして、遠くの国にまで「人道主義的行動原理」を掲げ、「民主主義の樹立」のために「非民主的」で「前近代的」な体制を「力」によって倒すことをためらわないことだ。同じこと（基本的人権の保護、弱者の救済）は普遍主義を是とする国連などの「国際社会」も目指しているはずなのだが、「力」を投入するにはさまざまな手続きが必要だ。アメリカの国内向け「共同体主義」と国外向け「普遍主義」の使い分けは、複雑な利権の構造を維持するための口実に過ぎないことは明らかだ。

†イスラモファシズム

そんな「欧米民主主義国」にとって、「イスラム国」の過激派が、「反キリスト教」を「反欧米帝国主義」と結びつけて人々を煽ってくれるのは好都合だった。彼らはそれに応えて、「イスラム」という言葉を「民主主義の敵」の形容詞としたのだ。そこで登場したのが、「イスラモファシズム islamofascism」という言葉である。

欧米の現代史において「悪」の合意は「ファシズム」と「全体主義」にあった。ヒットラーのファシズムと戦って勝ち、スターリンの全体主義と戦って勝った「西洋デモクラシー」は、次の敵を「イスラモファシズム」と名付けたのだ。その前は、単に「イスラム過激派」と形容されていることが多かったが、二〇〇六年八月六日のスピーチで、ブッシュ大統領が、アルカイダもハマスもヒズボラも、全体主義イデオロギーへの道にあることで共通していること、アメリカのイラクにおける戦いは、軍事的な衝突ではなくて、イスラモファシズムに対する二一世紀の決定的なイデオロギーの戦いであると述べた。

それ以来、「テロリスト」や、「悪」という言葉に代わって、イスラモファシズムがより好都合な「敵」の名になった。

実際はファシズムとは一党独裁体制が、情報と司法を独占して、警察力を強化して、一国に公式イデオロギーを強制するシステムであり、ナショナリズムや官僚主義、覇権主義を内包するものだから、多数の国にまたがるテロリスト組織（アルカイダ）や、領土の回復だけを目的とする組織（ハマス）などを一括して形容できるものではない。

しかし西洋民主主義国にとって、「ファシズム」「全体主義」との戦いという言葉ほど情緒に訴えるものはない。「ファシズム」と合体させることで、「イスラム」は「西洋民主主義の敵」という刷り込みが少しずつなされてきたわけだ。そして、この「命名」は、冷戦時代に繁栄した軍事産業複合体の存続にとって欠かせない強い味方であり続けるのだ。

宗教別、人種別の統計を禁じて「普遍主義」統合政策をとってアメリカのコミュニタリアニズムと対抗し、それをEUに反映させることで、差異性を強調し政治的延命を図るフランス国内では、ムスリム共同体といえども、カトリックと同じように今は共和国主義と共存する穏健なものとなっている。少なくとも、「差別」は表に出ない構造になっている。

アメリカが、自国のコミュニタリアニズムの政策を名指しで批判するフランスの移民統合政策には並々ならぬ関心をもっているのは当然で、フランスにおけるイスラム・マイノリティの統合の問題点について在仏アメリカ大使館が詳しい報告を送った公電がウィキリークスによって暴露されている。

極右国民戦線党の二代目党主であるマリーヌ・ル・ペン女史は、伝統的カトリックではないイスラム移民を差別しようとした父親と違う路線を歩み始めている。「伝統宗教」対「外国の宗教」という図式を捨てて、共和国のライシテの原則である「公共の場の非宗教性」を侵すものとしてムスリムの宗教活動を批判し始めたのだ。ライシテには「信教の自由」の保護という原則もあるのだが、極右ナショナリストは、共和国の「非宗教性」という中立を脅かす脅威として、いわばライシテ原理主義者によってムスリムを攻撃している。

このような「イスラモファシズム」のレッテル貼りによる欺瞞は、欧米諸国にとってだけでなく、民主主義とは名ばかりの中東のイスラム諸国の独裁者たちにとっても実は都合のいいことだった。彼らの独裁政権は、「西洋民主主義」の敵ではなく、「イスラモファシスト」という「共通の敵」と戦う協力者だと見なされたからだ。イスラミストを弾圧してくれる軍事国家の独裁者たちは、民主主義国家の首長たちにとって都合のいい存在である。それら諸国の多くが石油や天然ガスの原産国であり、「先進国」はそろって、軍事政権に武器を売り、石油を買うシステムを築き上げ、独裁者が私腹を肥やしていくことを見逃していたのだ。

†ジャスミン革命の歴史的意味

そして、二〇一一年の初頭、ジャスミン革命が始まった。前の年の一二月、チュニジアで、失業中の二六歳のモハメド・ブアジジが、街頭で売ろうとした果物や野菜を没収され、暴行を受け、没収品の返還と引き換えに賄賂を要求されたことに抗議して県庁舎前でガソリンをかぶって焼身自殺を図った。この行為は大きな衝撃を与えた。

焼身自殺と言えばベトナム戦争の時にベトナム人の僧侶によるものが有名だが、イスラム世界ではさらなるスキャンダルである。イスラム教では自殺が禁じられているので数も少なく、原則として埋葬されなければならないからだ（ベトナムでも埋葬が一般的だったが、インド起源の仏教では火葬が基本であることは知られていた）。

この「抗議の自殺」は、もちろん、テロリストたちが繰り返してきた「聖戦」における自爆のカミカゼ行為ではない。イスラム教のカラーとまったく関係のない絶望と抗議の行為だったのだ。若者の失業率が高く、生活必需品が高騰し、警察国家の横暴と支配者の腐敗の前で未来に希望の持てない市民たちが、インターネットのソーシャル・ネットワークを通じて呼びかけあい、連帯し、モハメド・ブアジジの葬儀に集結し、やがて独裁者べン・アリの退陣を要求する暴動へとつながった。

暴動は拡大し、ベン・アリは、早期に制圧から懐柔へと対応を変え、大統領再選への不出馬まで表明したが、「反乱者」は妥協せず、二三年にわたる独裁者の地位を享受してきたベン・アリとその家族は、わずか二週間で、サウジアラビアに逃亡した。

この事件は世界中を驚かせた。いわゆる指導者がいなかったということで新しいタイプの革命、ウェブを通して情報が行きわたっている世界ならではの出来事だともいわれたが、驚倒したのは、それまで「イスラモファシズム」を唱え、イスラム国と民主主義は相いれないと語ってきた欧米諸国である。

チュニジアの革命、さらに続いたエジプトの革命、そこにはいずれも、「反米、反イスラエル」のスローガンが見られなかった。アラブ世界における抗議行動の歴史のなかではじめて、自由、民主主義、人権、平等などという、欧米由来の理念が普遍的なものとして掲げられていたのだ。

「アラブの独裁国の市民を解放するのは自分たちしかいない」としていた先進民主主義国の論は完全に覆された。アラブ人は戦闘的で女性差別があるという偏見も崩れ去った。革命は平和的であり、多くの女性が参加していたからだ。

一国の民主化は、外から押し付けられてなるものではなく、ましてや外からの武力によってなるものでもない。イラク戦争でのアメリカの介入による民主化ドミノ理論は誤っていたのだ。

このことを明瞭に裏付けたのは、チュニジアとエジプトの革命に刺激されて起きたイラクの若者たちの蜂起である。他のアラブ軍事政権諸国での若者の要求と、イラクの若者のそれは、微妙に違う。たとえば、チュニジアやエジプトでは雇用促進を求める要求があった。独裁者の汚職に関しても、独裁者のなかには当初は社会改革を目指していた人もいた。しかし、ここ二〇年で新自由主義経済によるマルチナショナルな投資が肥大したことにより、個人資産の拡大に突っ走ってしまった、という事情がある。

ところがイラクは、「アラブ世界の民主化をドミノ倒しに達成する」と吹聴したアメリカによる一方的な戦争によって荒廃したばかりか、今のイラク政府はそのアメリカから来る復興予算（八億ドルといわれる）を一部の閣僚が懐に入れている。若者たちの蜂起にあわてた政府は一般公務員の給料を引き上げて、大臣の給与は半額にカットすると言ったらしいが、要するに、今のイラクの汚職の中心は、自由投資家からの賄賂や場所代などを独占しているところではなく、アメリカなどから供与されている復興予算で私腹を肥やしているところにあるのだ。

だから、若者の不満も、「自分たちに職を与えろ」というよりも「復興予算を公平に分配しろ」というものになる。国の富を独占している独裁者に分配を要求しているのではなくて、国自体が荒廃しているのだから構造的に違う。自分たちの手でサダム・フセインを打倒する、というようなかたちの民主革命は、イラクから奪われてしまった。イラクは「民主化」の先駆けではなく、たとえて言うならば外科手術の後遺症を発している状態なのだ。そのイラクが、他の国の「内発的民主化」の余波をこれからどう受けていくのかは注目に値する。

†アラブ世界への波及

チュニジア、エジプトと、すみやかに進んだかに見えた民主化運動の動きは、近隣のアラブ諸国にも波及した。だが、それぞれの国によって対応や進展のし方はさまざまだった。まず、アルジェリアとモロッコを見てみよう。両国はチュニジアと同様、旧フランス植民地でマグリブ諸国（マグレブ）と呼ばれる。マグレブで最も大きな領土をもつアルジェリアでは、ほぼ同時に反政府騒乱が起こったものの、二月末までにおさまった。この国では、すでにイスラム主義政党のイスラム救国戦線（FIS）と、政教分離を掲げる軍部との間で二〇世紀の終わりに一〇年間近く、市民を巻き込む激しい内戦状態が続いていた。二一世紀になって鎮静したものの、そのトラウマは大きく、たとえ今の政府が真に「自由」や「民主主義」を体現していなくとも、国民は安定を望んだのだ。戦争の傷跡が深かった場所では、人は、たとえ「軍事独裁政権」のもとであろうと、秩序の維持と安全とを選択するのだ。

また、マグレブ国同士には微妙なライバル関係が存在する。アルジェリアにとってチュニジアは「小国」であり、民主化運動をただちに後追いするという動機づけは弱かった。彼らが注目しているのはむしろモロッコ王国の動きである。モロッコでは、王の側からすでに用意してあった「改革」案を積極的に「反政府」勢力に提供することで、妥協の道を模索している。

アラブ世界での「反乱」に怖れをなしたサウジアラビアでは、国民を懐柔するために初の地方選挙を行った。サウジアラビアでは、イスラム原理主義のワッハーブ派の権力と、親米の王族の権力が拮抗していて、王族はイランのようなイスラム革命が起こることを恐れて、政教一致のイスラム化の担い手になっていた。石油マネーをばらまいて税金もなく学校も病院も無料で、国民の生活を安定させていたので、騒乱は起きていなかったのだ。しかし、若者が増え、失業者が増え、「自由な未来」の光が見えない人々の潜在的な不満と不安は溜まっていた。

†リビアの場合

アルジェリアと同じく広い国土を有するリビアの場合はもっと複雑だった。アルジェリアでは、たとえ「民主主義」や「自由」が制限されていようとも、人々はとりあえずの秩序維持と安全を求めていることはすでに述べた。それと同じように、リビアでは石油マネーに支えられているサウジアラビアと同様、人々の暮らしの水準が高いので、義憤と絶望に駆られて蜂起するというタイプの民主化運動へのインセンティヴが欠如していた。直接民主制や社会主義を標榜しながら、情報の統制、軍事力の誇示、「指導者」カダフィ大佐の特異な性格があり、カダフィ一族が世界中の投資マネー、石油利権で厖大な富を築いていたことなどは事実であり、東部のベンガジを中心に反政府運動が起こり、国民評議会が生まれた。カダフィ大佐がそれを徹底的に武力で制圧しようとして、ベンガジへの重火器攻撃を宣言したので、「人道主義的行動原理」と「新たな石油利権」と「近隣諸国に遍在するカダフィ一族の口座や動産凍結没収」などのいろいろな思惑を抱いた英米仏の国々が、国連安保理事会に諮って飛行禁止空域の設定という「人道的介入」を決定した。

実質的な提唱者はフランスだった。フランスはもともと、カダフィ大佐との石油と武器の交換貿易において、リビアの旧宗主国であるイタリアにはもちろん、英米独にも遅れをとっていた。二〇〇三年の英米のイラク侵攻に反対して「分け前」を得られなかった過去もあり、人権理念よりもリアル・ポリティクスを選択するサルコジ大統領が最も積極的になったのだ。

国連決議の後、結果的にはフランスの思惑通り、NATO軍の空爆が続き、首都トリポリで市民の犠牲が出るなど、事態は泥沼化し、半年以上経過した十月にカダフィが殺害されるまで内戦が続いた。

ロシアが国連安保理決議で拒否権を発動することを主張していた在リビアのロシア大使ウラジミール・チャモフは、解任されてモスクワに戻り、「リビア人が抑圧されていたって？　そんなことはまったくない、利子なしのローンはあったし、ガソリンは安いし、食料品も安価だった」と述べた。(「ル・モンド」紙二〇一一年三月三一日付)。

実際、寿命・教育・生活水準などに基づく「人間開発指数」によれば、リビアは、二〇一一年度試算では、アフリカの第一位となっていた。

反乱軍を最後の一人まで血祭りにしてやるなどと叫ぶところやこれまでの言動を見ればカダフィがかなり異常な精神状態にいたことは察せられるが、豊富な石油マネーを一族だけではなく自国と自国民にもばらまいてきたことは確かだ。その点ではサウジアラビアと似たケースである。「自由や民主主義を金で封じることができるか」というのが、石油マネーで豊かになった支配者たちの自問の一つだったのはまちがいがない。けれども、金で封じてきたことが、やがて「携帯電話」を駆使したウェブ・ネットワークによって破られるとは、誰も予測していなかった。

†独裁者のプロフィール

アラブ世界の「自発的民主化」運動に対し、さまざまな対応を見せる「独裁者」たちは、それぞれが百戦錬磨のつわものである。そもそも独裁政権を長く維持できているような人たちは、カリスマ性も演技力もあり、たとえ裏で私腹を肥やしていても、表では本気で愛国の理念を信じているからこそ並大抵ではない「説得力」がある。それはこれら独裁者たちと利権がらみの取引を維持しようとした先進国の首脳に対してだけではない。

二〇〇三年にチュニジアの与党党大会に招待された日本共産党の不破哲三が、「国民の尊厳」を最重要課題に挙げるベン・アリ政権の志に感心した証言を残しているように、「西洋帝国主義と戦って民族の独立を勝ち取った」という「独裁者」たちのカリスマは、思想的に強固であり続けたのだ。（参考 http://www.jcp.or.jp/akahata/aik2/2003-08-25/01_03.html、http://www.jcp.or.jp/akahata/aik2 /2003-08-31/03_02.html）

独裁者の多くは、最初は純粋に社会改革を目指して戦っていたのに、冷戦後の二〇年の新自由主義経済によるマルチナショナルな投資からくる余禄が肥大して、個人資産の拡大に突っ走ってしまった。あるいは、欧米諸国に都合のいい「イスラモファシスト」撲滅キャンペーンに便乗して、欧米諸国と組んでイスラモファシストを内側から撲滅するという役どころを演じることで、権力を安定させた。彼らはまさか、みずからの国の市民が「自由」と「民主主義」を求めて政府打倒を図るなどとは思ってもいなかったに違いない。これまでの「反米」「反ユダヤ」を掲げる騒乱は、どんなに弾圧しても「国際社会」からの糾弾はかわせたのに、「自由」と「民主主義」を掲げる騒乱の弾圧にかかったとたんに、仲間だった欧米諸国から自分たちまで「イスラモファシスト」呼ばわりされる羽目に陥ったのである。

†はたして民主化は実現するのか

国民投票で認可されたエジプトの「民主」憲法では、コプト・キリスト教徒が大統領になることが禁じられる。過去のレバノンが、パレスティナのキリスト教国家として創られた時にも、首長の宗教制限があったことと同様である。ムスリムが多数決でムスリムの大統領を選出するのを待たず、マイノリティのコプトをあらかじめ排除する時点で、「民主主義」や「自由」「平等」「人権」などの前提が看過されているのだとしたら、前途は多難である。政権転覆の後の「報復」の心理もまた、「自由」や「人権」の希求を蝕む。リビアのベンガジでも、捕虜になったカダフィ軍の傭兵を市民がリンチする映像が流れた。

民主主義とは、ある多数派が次の新しい多数派に安全に政権を引き渡すことができるシステムだ。多数決で選ばれた次の権力者に前の権力者が無理に抵抗したり、逆に次の権力者から弾圧されたりするのでは民主主義とは言えない。「独裁者」の追放や報復、処刑の流れそのものは「民主主義」とは程遠いところにあるのだ。権力の座を降りた敵対者の「人権」をどこまでどのように保証するかによって、民主主義の中身が問われる。

「独裁者」を「独裁者」にしてしまった政治のシステムや国際関係をじっくり分析して次の政権が同じ轍を踏まぬように学習しなくてはならない。

「自由」や「民主主義」を目指す戦いが、「報復」に向かっていかに簡単に逸脱するかということは、「民主主義」の歴史そのものが語ってくれる。

リビアへの空爆を率先したフランスでさえ、フランス革命の後の恐怖政治、ナポレオンによる専制、帝政復古などの過程のなかで何度も新たにされた共和国を経て、ようやくまともな民主主義が機能するようになったのはほんの一世紀前のことでしかない。

民主主義が機能している今でも、政府への不満や欲求や政権交代の論戦のテーマは、購買力の向上、労働時間の短縮、雇用の安定、減税、年金や医療の充実などつきることがない。それでも、今の「民主主義先進国」では、少なくとも、対立する二つの勢力が互いに互いを力で排除・殲滅すべき「敵」と位置づけることはない。

†アラブが抱える人種問題

「アラブの春」に端を発するアフリカの民主化の道はまだまだ険しい。そこには、アラブ人と黒人という人種問題も横たわる。

西洋諸国の植民地になる前のアフリカにはガーナ王国、マリ王国、ソンガイ帝国のような黒人の強国があり、その支配者たちは戦時捕虜や領地内の貧しい人々をアラブ人やトルコ人に売買していたことが知られている。黒人奴隷貿易というと新大陸のプランテーションの労働力ばかりが強調されているが、その時代ですら、「奴隷」という資源を売って武器や装飾品を手に入れて満足していたのは黒人王国の支配者であり、そこでアラブ人商人が活躍していた。

カダフィなどはコーカソイドであるベルベル人で、厳密にはアラブ人ですらないが、以前から「アフリカの王」だと自称していた。もともとリビアには黒人労働者もたくさんいて、カダフィの都合で数十万人もが強制退去（一九九五年から九六年にかけて）させられた事件もある。二〇一一年の一月、黒人地域の南スーダンがアラブ地域の北スーダンからの独立を求める住民投票で九八・八三%という驚異的な数字をはじき出したことからも、同じイスラム教であろうとなかろうとアラブ人と黒人が共栄を求めていない現実は看過できない。アラブ世界で、腐敗した軍事独裁政権を倒して自由や民主主義を求めようとしている人たちが、黒人傭兵への憎しみと人種差別を混同して表現しているのを見ても、民主主義や人権意識樹立の困難さがわかる。人権先進国であるはずのヨーロッパ諸国でさえ、実は自国でアラブ人も黒人もまとめて差別していたり、過去の奴隷貿易だの帝国主義だのの「贖罪」義務があったりという事情のせいで、なかなか介入することができないのだ。

アフリカ大陸からヨーロッパへの不法移民を防ぐための海岸線警備にカダフィの手を借りてきたという過去の経緯もある。二〇一〇年には、カダフィ大佐から、「ヨーロッパを黒くしないために」警備を強化する費用としてEUは五億ユーロを要求されて、さすがに断ったのである。

†「アラブの春」が突きつける課題

「アラブの春」に続く民主化実現の困難さは、そのまま、「イスラモファシスト」という言葉を弄して欺瞞を重ねてきた旧宗主国内部にも、さまざまな自問や自己批判を促している。新自由主義経済の波に乗ってなりふり構わず富を築いてきた権力者や、それを支持しさえした知識人は少なくない。他方では、そうした権力や知性を攻撃したり揶揄する人もまた、野党や庶民に数多くいた。彼らが「アラブの春」によって揺さぶられる状況は、それぞれの国の歴史観によって違ってくる。

フランスの場合は、伝統的な「中華思想」と「自虐癖」が共存していて、自分たちの欺瞞がいったん露にされれば、与野党の区別なく過去の政治家たちのご都合主義を皆で暴き始める。自分たちが主体的に国際政治に関わっていると信じているから、失敗したと思った時に「……のせいだ」と責任を押しつけることが難しく、比較的簡単に自己批判をするのだ。そのあたりはアメリカと対照的なところだ。

アメリカの建国神話の中では、「アメリカは本国の支配に打ち勝って独立した」というのが肯定的になっていて、それだけは基本的にずっと変わらない。帝国主義的植民者の支配に打ち勝って独立したというのでなく、自分たちが植民者で、先住民のホロコーストの末に出身国から独立しただけなのに、その欺瞞をずっと抱えたままアメリカン・ヒストリーを固守するために「神の祝福」まで動員してはばからない。

一方、フランス人のアイデンティティの一つは「フランス革命の肯定的評価」なのだが、これが相当苦しい欺瞞に満ちたものだということを彼らは自覚している。それでもなお、啓蒙思想によって生まれた理念を背景に「抑圧されているものが支配者を倒した」という図式にしがみつくことで、かろうじて良識の居場所を確保しなければならないという意識もまたあるのだ。

「アラブの春」は、フランス型やアメリカ型の欧米民主主義国家に彼らが「既得権」として独占していた価値の実情を見なおすことを余儀なくさせた。「アラブの春」こそ、欧米国家の「民主主義」がリアル・ポリティクスへと逸脱していくことへの抑止力となる可能性に期待したい。

コラム⑤ トルコの普遍主義

トルコは国民の大部分がムスリムであるにかかわらず、世界でただ一つというくらい忠実な「フランス風ライシテ」を採用している国である。

もちろん、フランスがライシテに至ったのとは歴史的経緯が全く違うので、どこか変なところはいろいろあるし、EUへの加入問題も含めて、微妙な問題もたくさんある。

しかし、二〇〇九年の一月、ダボス会議（世界経済フォーラム）で、イスラエルのペレス大統領がガザへの攻撃を正当化しようとして、自分たちがいかにハマスに苦しめられているかを延々と述べた時に、怒りをあらわにして席をたって退場したのは、トルコのエルアドン首相ただ一人だった。西洋諸国はもちろん、アラブ連合の代表も、席に着いたままだったのだ。

イスラエルと国交を持つ数少ないイスラム国であるトルコがとったその毅然とした態

度は人々に感銘を与えた。その後でペレスが電話でエルアドドンと会談して謝罪したとアナトリア通信は伝えている。

一方で、二〇一一年初め、チュニジアやエジプトで、アラブ国では初ともいえるタイプの民主化を求める抗議運動が進行していた一月二七日、トルコ国内のシナゴーグでアウシュヴィッツ解放記念の式典が行われた時に、トルコの首脳は初めて公式に参列した。そのタイミングでトルコがこのような宗教やイデオロギーと人権理念をきっちり分けて見せる手腕もなかなかのものだ。

エジプトやチュニジアの革命がイランのようなイスラム革命になりはしないかとびくびくしている国際社会に対して、イスラムがマジョリティを占める国であることとライシテや人権理念を掲げることが矛盾しない、普遍主義とはそういうものであるということを、トルコがアピールする意味は大きい。

もちろんトルコが過去に行ったアルメニア人のホロコーストを頑として認めない問題は残っているし、そのことをヨーロッパ勢から追及される時の切り札としてナチスのホロコーストの犠牲者であったユダヤ人に接近するというトルコの戦略も確かに存在する。

けれども、そのようないろいろな思惑が交錯していることを差し引いても、アラブ人でないイスラム国トルコの存在感は無視できない。アラブ系でないイスラム国のインドネシアの歴史も別の可能性を示唆するが、中東の出来事に対しては地政学的にはインパクトが少ないからだ。

トルコがライシテを掲げてくれていることがこれからの中東の平和の鍵となるかもしれない。

ヴァティカンがトルコのEU加入を支持しているのも興味深い。二〇〇七年の三月、ヴァティカンの国務長官であるタルチージオ・ベルトーネ枢機卿は、「共存のための根本的な原則を尊重しているトルコは決定的に政教分離国である」と評した。

ヨーロッパは政教分離を称揚し、政教分離原則の名のもとに、ユダヤ＝キリスト教というルーツを捨てた。同様に、トルコも政教分離への長い道を歩み、ヨーロッパの中、世界の中で、対話し、共通善を築くことができる、と述べて、EU加盟に問題はないとしたのである。政教分離の普遍主義を説いてトルコを評価する国が、カトリックの総本山であることは、なぜか楽しい。

第七章

平和主義とキリスト教

†「十字架のイエス」が意味するもの

日本で「西洋キリスト教文化」を批判するときに安易に使われる表現に、「欧米人は狩猟民族で肉食民族だから好戦的だ」「一神教同士が戦争するのはみなが自分の神だけが正しいと思っているからだ」という類のものがある。翻って、「日本人は温厚な農耕民族で殺戮や争いを好まない」「日本は八百万の神が共存する自由で開放的で寛容な文化」といった論調になる。「帝国主義も植民地主義も奴隷制もみな西洋近代とセットになっている」とも語られる。

これらはもちろん誤っている。どこの民族でも、狩猟採集形態から農耕畜産に移行してからはじめて富の蓄積が可能になって文化の発展につながったので、「欧米人＝狩猟民族」

ということはない。

十字軍や異端審問のカトリック教会の歴史が持ち出されて暴力性の根拠にされることもある。これも誤りだ。歴史を少し繙けば明らかだが、どんな宗教のどんな民族にでも、残念なことに、暴君はいたし、無差別殺戮や強奪もあったし、敵を奴隷化したり領土や権力の拡張のために近隣を侵略したりすることも決して珍しいことではない。民族と民族、国と国、部族と部族、果ては親族同士、家庭内ですら、人間の集まるところには、戦争、侵略、謀略、抹殺、脅迫、暴力、従属の強要、自由の拘束などが、絶えたことはない。ハンナ・アーレントが『イェルサレムのアイヒマン』(一九六三)で形容したように、「悪」は普遍的で「陳腐」なのだ。だから、ある時代のある文化に属する人間が暴力的、独善的、覇権主義的だったからといって、暴力や独善や覇権主義自体がその時代や文化の属性であるわけではない。

では、争いや征服や殺戮が普遍的なものであるとしたら、やはり「救い」に地縁血縁を条件としない「普遍宗教」のメッセージによる抑止力を期待したいところで、実際、普遍宗教はしばしば「利他」主義を説くことで、人間の争いをいさめようとしてきた。

キリスト教のメイン・メッセージとなるナザレのイエスの言動にも、はっきりと非戦主義が謳われている。外国人、女性、収税吏など、当時のユダヤ人社会で差別を受けていた者をイエスは対等に扱った。イエスはユダヤの律法を否定していたわけではないが、その最も重要な教えは、「神である主を愛すること」「隣人を自分のように愛すること」の二つだと明言し（マタイ二二など）、「愛」を中心に据えた。また、天国に行くために必要なことは、洗礼を受けることや律法を守ることではなく、空腹な者に食べ物を与え、渇いている者を潤し、旅人に宿を貸し、病の床にある者、牢にいる者を訪ねることである、最も小さい者に対してすることは主に対してすることと同じなのだと語った（マタイ二五）。

他の宗教にももちろん「利他」や殺生を禁じるメッセージは存在するし、歴史上、それを体現した人もいたし、それに反した人もいたのは、キリスト教世界と同じである。キリスト教における「非―報復」型の平和主義メッセージに特色があるとしたら、キリスト（救世主）であり神の子だとみなされたイエス自身が、咎なくして残酷刑を受けて殺されたということのインパクトの強さだろう。

もちろんイエスは死後に「復活」することでみずからが神の子であることを証ししてキリスト教が成立したわけなのだが、西ヨーロッパのローマ教会では、中世以来、「栄光の復活」姿のイエス像よりも、十字架での磔刑像の方が広まった。キリスト教には各種の天使や聖人の図像も出回っていたから、「悪魔を退治する」といった勇ましい「正義」の図像は、甲冑を着けて剣を携えた大天使ミカエルだとか、ローマ兵士出身の聖人だとかによって供給することが可能だった。初期の迫害を経てきた後には数々の殉教者像も描かれ崇敬の対象（主として神に恩寵をとりなしてもらうため）になっていたから、主である「キリスト」の惨い磔刑像がその頂点に押し上げられたのかもしれない。

†受難の追体験をもとめる心性

ともかく、キリスト教の神は、復讐の神や戦う神でなく、「理不尽な死を受容して他の人を救った」シンボルとして定着した。ローマ教会以外では「栄光のキリスト」や「最後の審判」で再臨するキリストの図像が多かったり、磔刑場面からイエスが消えて十字架だけがシンボルとなったりするのだが、ローマ・カトリックでは二一世紀の今に至るまで、「十字架上で苦しむキリスト」の姿がトレンドである。実際、その「苦しむイエス」の姿に触発されて回心を得たというカトリックの聖人は数知れないほどだ。

といっても、諸部族が抗争し、土地を求めて封建領主たちが略奪しあう古代や中世のヨーロッパ世界は、復讐を禁じ、非暴力主義を貫くキリスト教のメッセージなど、到底、実践することができなかった。キリスト教の神は各自の「戦勝祈願」の神であり、支配者の権威を担保する口実だったのだ。この点は、他の宗教も同様だ。しかし、キリスト教の特徴は、「神が人になった」イエス・キリストが刑死を受け入れたことであるのを、生々しい磔刑像とともに人々が共有していたことだった。あまつさえ、イエスは自分を十字架につけた人々に、「父よ、彼らをお赦しください」（ルカ二三）とまで言ったのだ。

私たちがキリスト教の歴史や西洋文明史を外から見る時に、視野から外れるのは、この、「苦しむ神」「拷問され、殺される神」の生の図像がカトリック世界（すなわち一七世紀までのヨーロッパのほぼ全部）の至る所に行きわたっていて、「赦し」や「贖罪」が強迫観念になっていたという事実だ。これに関しては、民衆も、王侯貴族も、田舎司祭も高位聖職者も似たようなものだった。独善主義、覇権主義、欲望にまみれた利己主義の世の中で、その図像がいかに情緒に訴えていたかを想像するのは難しい。

日本で仏教や道教と神道が習合したような民間の信仰世界で、情緒に訴える図像は、慈愛に満ちた菩薩や如来像、仏を守り悪を退ける怒りの形相の守護神将像などとは別に、「教育的配慮」から出回る地獄図と閻魔の図、修羅道や餓鬼道、畜生道の恐ろしさなどだ。これはキリスト教世界でも同じで、煉獄や地獄、恐ろしい光景や悪魔や怪物たちの形相には事欠かない。恐ろしい光景を見せて、「いうことを聞かないと、罰せられてこういう恐ろしい目に遭いますよ」という話法は万国共通である。

また宗教の教祖や神々や英雄の華々しい奇跡譚も万国共通だろう。けれども、キリスト教の救世主には、人生の終わりにおける「非業の最期」というドラマティックな展開がある。これは、「非業の最期」を遂げたことで恨みを残して死んで「祟る神」になられるのを避けるために祀る形の神道の神などとは根本的に違う。「最後の晩餐」からゲッセマネでの孤独な苦悩、弟子に裏切られて逮捕され、他の弟子には逃げられ、裁かれ、辱められ、鞭打たれ、十字架の木を背負わされ、釘打たれ、苦しみながら息絶える、という悲劇的な最後の二四時間のすさまじさは、ナザレのイエスを師と崇めていたグループを壊滅させるに足るものだった。その時点では、その後の文明の歴史を変える世界宗教がローマ帝国の辺境で生まれる要素など微塵もなかった。ところが、十字架上での死からふた晩を経て、尋常でないことがおこったらしい。イエスは復活し、改心した弟子たちの前で昇天し、弟子たちに聖霊が降され、彼らはそれによってイエスが神の子であったこと、救世主キリストであると確信し、それを証言し続けることになったのだ。

その「尋常でないこと」が、実際は何であったのかということは知る由もないが、はっきりしているのは、イエスの死と復活を伝え続けた人たちの信仰の強さもまた「尋常なものではなかった」ことだ。それゆえに、初期キリスト教は、同じく尋常ではない夥しい殉教者を出した。イエスが抵抗されずに殺されたという記憶が殉教者たちを鼓舞し、死を受容させたことは言うまでもないだろう。

その後のキリスト教は、ローマ帝国を通じて、当時は辺境であった西ヨーロッパにも広まり、「受難の追体験」が、典礼の中心となっていった。ヨーロッパが生産力や軍事力をつけてきた頃に、キリスト受難の地であるエルサレムに巡礼したいという機運が高まったのは当然のことだった。それが十字軍の始まりの主要な動機をなしていたわけで、十字軍が持ち帰った聖遺物の崇敬や「十字架の道行き」の再現が、熱狂的に広がった。

一三世紀以来、イエスの受難をリアリズムとともに観想することが一般化する。エルサレムに巡礼に行けない人のためにヨーロッパの教会や教区で催される「十字架の道行き」はだんだんとリアルなものになった。エルサレムの町が再現され、等身大の人形が飾られ、巡行し、イエスの像から流れ出る水を人々は飲んだ。受難の時に受けた両手両足とわき腹の傷は、五感を表わすものとして、人々は五感を総動員して、イエスの受難劇を見て、触って、味わった。

宗教改革後のプロテスタント諸派では聖人や聖遺物の崇敬とともに、大仰な演出はなべて廃されて、信仰は内面的なものだとされたのだが、カトリックの「反宗教改革」といわれるカトリック内での刷新路線では逆のことが起こった。イエスの受難の様子は、より可視的に、よりリアルに、より生々しいものとなる。ロンバルディアからポルトガル、ババリアからボヘミア、中南米へと花開いたバロックの時代だ。信徒による贖罪信心会は、さまざまな演出をこらし、匿名の志願者の顔を隠して、十字架を負わせて歩かせるという行事が今も残る所さえある。
これが人々の潜在意識にとっていかに大きなインパクトを与えたかは想像に難くない。

†争いへの罪悪感を刻みつける教え

日本の神社仏閣の行事を思い浮かべても、キリストの受難劇のように毎年毎年、「本尊」に相当するキャラクターが、血と傷とともにリアルに再現され、執拗に繰り返されるものはない。日本で実在感がありもっとも広汎に人気を博した宗教者は弘法大師で、お大師様のゆかりの寺社をめぐる四国八十八箇所の遍路などが有名だ。これも、四国まで行けない人のために、各地の寺社にミニ八十八箇所が設けられた。本場の土などが盛られるなど、さまざまな工夫が施され、参拝する人に同じ効験があるとされる。

ヨーロッパにおける「十字架の道」も同様に、「罪障消滅」や「免罪」を願って行われたのだが、各所に配される光景は、「ありがたい高僧」の姿や慈悲深い観音の姿などとは全く別物で、群衆に嘲罵され、血まみれになって引きたてられるキリストの受難の一部始終なのだ。

自分や自分の家族や自分の属する共同体の無事息災だけを祈り願う人間の心性はどこでも変わらない。宗教の権威を利用し、神仏の名を借りて暴虐を尽くす支配者も、時としてそれに抵抗して体制の転覆を図る者も、どこにでも存在する。しかし、その背後に、一貫して、無抵抗で殺された苦しみの人間像を抱き続けた社会は、少しずつ、争いの連鎖に対する「罪悪感」を刻みつけていくのである。

†「敵を愛し、自分を迫害する者のために祈りなさい」

では、この「不戦」の原則が実際にどのような試行錯誤を経て、ヨーロッパ文化の中に組み入れられていったのか、ひいてはどのように「近代」のシステムを作っていったのかを見てみよう。

二〇一一年七月二二日、ノルウェーのオスロで、政府の移民政策に異を唱え、ヨーロッパのイスラム化を阻むと称する男が、爆弾と銃による無差別テロを起こし、多くの人が殺された。ノルウェーはルター派キリスト教が国教で、国民の八六％が信徒である。犠牲者の追悼ミサが国王夫妻も出席して挙行された。銃乱射の実行犯は、ヨーロッパのイスラム化に反対し移民に寛容な政党に異議を唱えている。アメリカのキリスト教原理主義のサイトにも出没し、テンプル会だの十字軍の騎士だのという「キリスト教」シンボルを掲げていたが、実際は、ゲームの世界にあるようなさまざまなシンボルを継ぎはぎした誇大妄想の暴走だといえる。

皮肉なことに、基本的人権の移動の自由を重視し、ジプシーや亡命者や移民や難民の権利の保護を活動の一つに据えているカトリック教会を見てもわかるように、「異邦人を歓待すること」は、イエス・キリストの教えの中心にあるものの一つである。救いには国境はなく、「異邦人」は最終的には存在しない。国家が不法移民を強制退去させようと躍起になっても、教会が「駆け込み寺」になったり、修道会系病院が無料施療を提供したりということは今でも普通に見られる。キリスト教理念を是としている国にとっては、移民や不法滞在外国人は一種のコスト要因をなしているのだ。ノルウェーの移民政策も寛容で、石油マネーで豊かな経済基盤があることにも助けられて、人口の一二％以上もの移民がいても、失業率は三％台（二〇一〇）と低い。ムスリム人口は一・七五％に過ぎず、フランスの八％などとくらべものにならない。どこの国にも極右ナショナリストで排外主義者は存在して、キリスト教をアイデンティティに掲げるグループも少なくないが、国の政策理念にキリスト教が反映される場合は、実は、異邦人を差別しない統合政策へと向かわざるを得ない内的ロジックを持っている。

ノルウェー第二の都市であるベルゲンの牧師であるアルヌ・ミューレン師は、テロ事件後の日曜日の礼拝で読むテキストにマタイの福音書（五―四三・四四）を選んだ。

「あなたがたも聞いている通り、『隣人を愛し、敵を憎め』と命じられている。しかし、わたしは言っておく。敵を愛し、自分を迫害する者のために祈りなさい」

ミューレン師は復讐の念に背を向け、犯人とその友人や家族のために祈ったという。なぜなら、犯行の日の前までこの犯人を愛していた人たちが必ずいたはずだからだ。真の正義とは憎しみを含まない、愛と希望の価値を掲げることで復讐の念はしりぞけうる、ノルウェー社会にはキリスト教価値観が根を下ろしている、とミューレン師は語った。

ノルウェー人がこの殺戮の後に復讐にかられた反応を見せずに尊厳ある態度を失わなかったことには、このような宗教的要請の共有があるわけだ。ウトヤ島で大会を開いていた青年たちを殺された社会民主党の上に立つストルテンベルイ首相は、この蛮行に対する報復は、ノルウェーという国の「さらなる開放、さらなる民主主義、さらなる討論」となるだろう、と語った。

これと対照的だったのは、二〇〇一年九月のアメリカの同時多発テロに際してのブッシュ大統領の反応だろう。こちらは実行犯が「イスラム過激派」であったことで、テロとの戦いを宣言し、「十字軍」という言葉も飛び出したし、ニューヨーク市は「神に祝福されているアメリカがなぜこのような試練を受けたのか」という論調のパンフレットを、テロの数日後に配布した。これは、主としてキリスト教諸派の棲み分けによって衝突回避を図ってきた「近代」の歴史しかないアメリカが、「西洋近代」のシステムを採用していないイスラム過激派の宗教的言辞に煽られて、まさに「前近代的」十字軍のメンタリティを口にしてしまったひとつの例だと言えるだろう（もちろん、アメリカ全体が好戦的な国だという話ではない。絶対平和主義のプロテスタントがヨーロッパを追われて理想の国である新天地を作ったのもまたアメリカであることは後述する）。

†キリスト教圏では「不条理な死」をどう受け止めるのか

では、反カトリック教会と無神論が共和国の枠組みを作ったカトリック国型政教分離国であるフランスではどうだろう。二〇一〇年のカンヌ映画祭で放映された後で八分間も拍手が鳴りやまなかったという「感動」作で批評家賞を獲得した『神々と男たち』（グザヴィエ・ボーヴォワ監督）のモデルになった事件への反応を見てみよう。一九九六年にアルジェリアで七人のフランス人トラピスト修道士がテロリストに誘拐されて惨殺されたという事件である（その後、それが実はアルジェリア正規軍による誤殺だったのではないかという疑いが話題にもなり、フランスでは重要な事件であり続けている）。

アルジェリアがフランスの植民地であった頃に造られた修道院であったとはいえ、労働型のトラピスト修道士たちは、地元の人に溶け込んで、無料診療をはじめとする奉仕活動に専念していた。平均年齢も高い。要するに、「善意の丸腰の年輩の男たちを武装した暴力集団が拉致して惨殺した」という図式があるので、「善悪」の対照ははっきりしている。では、この虐殺に対して「報復」の念が起こっただろうか。

まず、当の修道士たちは、当然ながらキリスト教理念に殉じた。とくに、修道院長であったクリスチャン・ド・シェルジェは、テロリストに殺されることを予測して残した手紙によって、自分たちがリスクを引き受けるのは英雄行為でなく、悪や弱さに対する洞察の中から、自分の命を奪う者と自分のどちらもが、イエスの両脇で処刑された二人の罪人であると見なし、ともに神に救われる希望を捨てないと述べたのだ。

フランスは伝統的に、カトリック・アレルギーの無神論者や戦闘的ライシテ論者が近代を築いてきた国だ。しかし二一世紀になった今は、この映画の監督自身のように、もはや戦闘的だったライシテの時代も知らず、伝統や教育によって叩きこまれた宗教のくびきや罪悪感から逃れるために必死に苦労した一昔前の知識人の葛藤もない世代がたくさんいる。機械的にアンチ・カトリックを名乗っていても、何がどうアンチだったのかもわかっていない。「チベット仏教がおもしろそうだ」というのと同じ感覚で、「カトリックの修道生活ってエコロジーで今風だ」と思う人も今は少なくない。カトリックのシンパだと見なされて蒙昧なやつだと思われるんじゃないかと、もはやびくびくしていないから、映画を見て修道士たちの霊性を素直にほめた人は多かった。

実際に一九九六年の事件発覚直後の反応はどうだったかというと、修道士たちの追悼ミサのためにフランス中のカトリック教会の鐘が鳴らされ、普段教会に行かない人たちも義憤に駆られて集まった。しかし、そこでも、何しろ主なるキリストが無抵抗で十字架にかけられている場所柄、「報復」の声は当然聞かれず、「殉教者」の列聖を求める声が上がった。非業の最期を遂げた犠牲者たちを「聖人」とすることで、生きている者の祈願を神に取り次ぎ、パワーを与えてもらおうという着地点へと向かったのだ。

無抵抗な者たちが、突然、一方的に、殺意を持って攻撃した者によって命を奪われるという衝撃的な不条理を前にした時に、キリスト教文化圏の国では、プロテスタント、カトリック、政教分離の経緯などによっていろいろなヴァリエーションがあるにしても、政治や経済のバイアスをくぐりぬけて「報復」への抑止力が働いていたり、少なくとも、それが意識化されて議論の場に出されることがわかる。

†集団トラウマに対する宗教の役割

二〇世紀末に近い頃に日本で起きたオウム真理教によるテロ事件への世間の反応などを

想起すると、その差が顕著に見えてくるだろう。

オウム真理教によるテロ事件は、イスラム過激派などによる「救い」や「裁き」を口実にした正義の味方型の誇大妄想狂による無差別殺人に近い。また、マイケル・ムーアのドキュメンタリー映画で有名になったアメリカのコロンバイン高校銃乱射事件などは、日本の付属池田小や秋葉原での無差別殺人などと同様、個人の異常心理に端を発するものだ。オスロの乱射事件はその中間に位置するものかもしれない。

現代のキリスト教型社会がこれらの「一方的暴力」により受けた集団トラウマを前にした時、自分たちのルーツにある宗教にそれなりの拠り所を求め、それを通して普遍的な人間性の洞察や報復の連鎖の抑止を図ろうとするのに比べて、日本ではそういうリアクションがほとんどない。狂信者の理不尽な暴力を前にすると、むしろ、「だから宗教は怖い」という方向にそれていく。無差別殺人を前にすると、「だから精神病院の通院歴のある人は怖い」などというタイプの偏見の落とし所を探す。今の日本では、途方もない悪を前にした怒りや嘆きの後で、「そういう悪人は自分たちとは違う」という排除と差別という形でトラウマを癒そうとするのだ。

「あれは特殊例だから」でうやむやにすることが無難な解決になっているので、たまに「日本の伝統」とか「基本的人権」を持ち出して論を立てようとするとイデオロギーのバイアスがかかって、右翼ナショナリストや左翼人権運動家だとカテゴライズされる。キリスト教国なら神学者と哲学者が議論するようなシーンに、日本では社会学者やら精神医学者が「解説」するばかりということもある。「平和憲法」の問題や、戦没者を祭祀する今は一宗教法人である靖国神社への政治家の参拝問題など、歴史観や価値観を問われるような問題は多くの人が回避しようとしている。旧植民地や旧占領国との外交関係でも、大きな方針より「対症療法」が積み重ねられる。国際会議や国際条約での主張にも明快さがない。

そもそもこの国際会議や国際条約の起源もキリスト教にあり、「国際社会」という概念自体も、別々の王を抱く国家間に同じ宗教ネットワークが張り巡らされて「キリスト教ヨーロッパ社会」が形成されていたことにルーツを持っている。

ヨーロッパは、暴力と戦争の時代を通して、それでも十字架のキリストから向けられる平和主義の圧力を絶えず受けつつ、時として促されて、少しずつでも「暴力の軽減」へと向かう合意を模索してきた。その足跡を簡単に振り返ってみよう。

†戦争を規制する「人道的」法

ローマ・カトリックが標準環境になっていた九世紀の終わりごろのヨーロッパの戦争状

態はひどいものだった。カロリンガ朝の内部での抗争による内乱が続いていた上に、外からは、北にヴァイキング族、東にマジャール人、地中海からはアラブ人、ベルベル人らの襲撃があり、戦争は蔓延していた。この時点では、キリスト教的平和がどうこう言える状態ではもちろんなく、農奴以外のすべての男子が戦争に駆り出されていた。カロリンガ朝が絶えた頃、自由人の兵役がなくなり、鐙《あぶみ》を所有している者だけが、兵士として認識されるようになった。

この頃のローマ教会に固有の軍隊はなく、キリスト教自由共同体として義務と権利を共有する公示のあった領域も、メロヴィンガ朝の頃には、封建諸侯の支配下に組み込まれていった。ローマ・カトリックを担うはずの神聖ローマ帝国の皇帝でさえ、教会の権威を操ろうとして親族を高位聖職者や教皇の地位につけた。

しかし他の封建諸侯はこれに対抗するためにローマ教会に土地を寄進することでローマ教会を封建領主とし、皇帝の力を牽制した。それによってローマ教会は領地という固有の基盤を得るのである。しかし、グレゴリウス七世に導かれたクリュニー修道会によるキリスト教精神の刷新が起こり、復讐法を弾劾し、武力による征服や領土拡張に異を唱え、枢機卿のみが教皇を選出できる仕組みが作られた。

逆に、神聖ローマ帝国の皇帝の選出も、教皇抜きの七人の選挙公のみによるものとなり、

「聖」と「俗」を区分し、ローマ教会の政治的自立が決定した（一三五六）。しかし、皇帝は独自の教皇を立てるなどしてその区分を蹂躙し、これに対抗する教会は、貴族や聖職者との合同会議を開いては、キリスト教世界に「人道的」法を強制しようとした。

この「人道的」法とは、「神の平和」（Pax Dei）と呼ばれるものである。フランスの中央部のアキテーヌ大司教たちのイニシアティヴで始まったシャルー公会議（九八九）で導入されたこの概念は、その後少しずつ、西ヨーロッパのキリスト教国に広がっていった。それは戦争の規制であり、非戦闘員と教会財産を保護するという原則であった。

†正義の戦争

カトリック教会は、今も昔も「絶対不戦主義」ではない。

「正義」のために戦う世俗の支配者を容認する言説は、ローマ帝国内で生きのびるために支配者への従順を唱えたパウロの時代から存在した。「権威者はいたずらに剣を帯びているのではなく、神に仕える者として、悪を行う者に怒りをもって報いるのです。」（ローマ一三・四）

これはイエス自身が「わたしが来たのは地上に平和をもたらすためだ、と思ってはならない。平和ではなく、剣をもたらすために来たのだ」（マタイ　一〇・三四）と語ったこととも呼応している。

「正義の戦争」を最初に唱えたのは聖アウグスティヌスだと言われる。アウグスティヌスは、「不正」を罰するため、暴力によって奪われたものを奪還するための戦いや、悪を懲らしめ善人を救うための戦いを正当化した。

戦乱のヨーロッパで生きのびたローマ教会は、パウロの語る言葉の中の「権威者」を定義しようとした。権威とは、人間が神から与えられた生命と財産と安全を、他の人間が侵してはならないという自然法を尊重する者に与えられるべきものである。さもなければ「剣をいたずらに帯びている」のであって、そのような支配者に従属する必要はない。国内であろうと外国であろうと、命令に従わせるために人間を不当に扱うことは許されないのである。逆に、正義を行うことで正当な権威(auctoritas)をもつ者は、権力(potestas)ももつのであり、従属されなければならない。トマス・アクィナスはアリストテレスの『ニコマコス倫理学』の注釈の中で、自然法を受け入れる勇気を説き、正当な王に従うことは「義人」に仕えることになるとした。また、アウグスティヌスを引き合いに出して、「戦争のために平和を求めるのではなく、平和を得るために戦争をするのだ。勝利によって平和の恩恵をもたらすために平和的に戦わなくてはならない」(『神学大全』一八九)と述べた。

トマス・アクィナスは、正義の戦争として、防衛戦争の他に、「敵の道徳的な誤りを正すための戦争」を挙げた。聖職者は、そのような戦いを支援し、「弱い人、貧しい人を救い、神に逆らう者の手から救い出さなければならない」（「詩編」八二）のだ。

これらを見てくると、二一世紀になっても「欧米」諸国が、中東や中央アジアやアフリカにおいて「独裁者の手から市民を守る」という「人道的」行動原理による軍事介入を正当化し続けていることの根の深さがうかがえる。とはいえ、人間の歴史においては、なんの正当化もなされない暴力が蔓延した時代のほうが多いことを忘れてはならない。戦う者が、敵味方の両方に対して正義の「建前」を掲げ宣言する必要があることを成文化しただけでも、「平和」への糸口ができたとも言える。自然法という形で人の生存権を確認したことも画期的だった。

実際、ローマ教皇は、すでに一〇世紀の終わりから、戦士や騎士に対して、キリスト教的価値を尊重するよう誓約するように要求した。敵への過酷な攻撃、非戦闘員への攻撃、拷問、レイプ、略奪の禁止が明言され、その誓約を破る者は破門されると宣言された。トマス・アクィナスは『神学大全』の中で、戦争において、「害することの欲望、復讐における残虐、暴力、精神のかたくなさ、戦いにおける野蛮さ、支配の情熱」などはみな、自然法の見地から咎められるべき事柄であると述べた。これも、「正義の戦争」をしている建前の国が、二一世紀の今でも、イラク戦争の捕虜の虐待や拷問を続けて批判されているのだから、「人間性」はなかなか「平和」の方には進化しないのがわかる。けれども、これらのキリスト教による「戦争に付随する罪の削減」の努力という伝統がなければ、捕虜虐待を禁ずることを含めた近代の戦時国際法もまた誕生していなかったに違いない。

それだけではない。

キリスト教的人道主義を背負ったローマ教会は、「神の平和」からさらに一歩を進めた「神の休戦」(triuga Dei) を提案するようになった。初めは土曜夜から日曜の戦闘が禁止され、それは水曜夜から月曜朝までの停戦に拡大された。さらに、降誕祭(クリスマス)とその前の四旬節《アドヴェントウス》、復活祭とその前の四旬節《カレム》の期間なども戦闘が禁止され、結局、年間八〇日しか戦闘が許可されなくなった。クリュニー修道会出身のウルバヌス二世はついに、クレルモンの公会議(一〇九五)において、女性や聖職者への攻撃の全面禁止と商人と農民に対して三年間の保護を与えるなど、「恒久平和」を目指す英雄性を説いた。

もっとも、教皇を含みこの公会議に出席した一二人の大司教、八〇人の司教、九〇人の修道院長らのほとんどはフランス人で、少数のイタリア人やスペイン人を除くとドイツ人やハンガリー人は誰も応じなかったとされている。

その上、このような禁止の違反への罰則は「破門」でしかなかったのだから、実際に休戦が守られたわけではないし、カトリック教会の自浄力の弱まっていた宗教戦争の時代には、カトリック側もプロテスタント側も、傭兵同士の際限ない蛮行が至るところで繰り広げられたのだ。

近代には宗教の縛りを離れたカントが情動抜きの「理性」のみによって『恒久平和のために』において、世界市民法と自由な国家の連合を構想している。それは今日の国際法や国際機関の思想基盤になっていると言われるが、ヨーロッパの長い戦乱の歴史や、ローマ教会による「平和」への試行錯誤の上に立ったものであるのは明白だ。しかも、カントが、「神の正義」という権威を否定して、「しなければならないことはできるはず」であるという、人間理性にのみ道徳の実現を託したことが実際にどれだけ有効だったかというと、個々の戦争の暴力軽減に中世の「神の平和」や「神の休戦」ほどにも役立たなかっただろう。

むしろ、「主イエスの苦しみを見てそれに倣いなさい」と言ったり、「制約を破ると破門だぞ」と脅したりというローマ教会による情緒的訴えを廃した分だけ、「人間味」のない教義《ドグマ》的なものになっている。「法の支配」は「Dura lex, sed lex.（過酷な法もまた法である）」という言葉を根拠の一つとしているが、そこで優先されるのは秩序の安定や、公共（多数者）の利益である。「理性による法」は「剣による法」へと都合よく適用されることのほうが多いのだ。

†国際条約を形づくるキリスト教思想

一方で、法の勝手な解釈や、懲罰適用の過酷さについては、キケロが引用したように、「Summum jus, summa injuria（正義の行き過ぎは不正だ）」という別の成句も存在する。戦争に関連した「法」と「正義」の観念についての議論は、ヨーロッパの戦乱を通じて、絶え間なく積み上げられていくのだ。その議論がいつも先鋭的であったのは、国同士の国益をかけた「それぞれの正義」や「それぞれの法」の他に、それを俯瞰するキリスト教が「自然法」観に基づく普遍主義をみずからの存在基盤として掲げ、しがみついていたからだと言える。教会が「言っていること」、「目指していること」と、現実の無力や妥協の間にある欺瞞とが誰の目にも可視化されていたからこそ、ヨーロッパの理性は宗教改革や反教権主義や無神論を経て、宗教の言葉を使わない基本的人権の普遍理念へと収束していくことになるのである。

こうして、キリスト教の「神の平和」や「神の休戦」の試みは、その合意を成立させる国際会議や国際条約へと進化していく。国際条約の批准とそれを違反した時の除名は、神の平和の誓約と違反者への破門のシステムが「世俗化」したものなのだ。

その底には、理性による「社会契約」を超えた「情緒」的なものが今も流れていて、アフガニスタンやイラクといった二一世紀の戦場でさえ、宗旨に関係なく「クリスマス休戦」が実現したことはよく知られている。「キリスト教国」同士の戦争で、それが国際条約や指導者の指示と関係なく非公式に起こった例としては、第一次大戦における英独仏間でのクリスマス休戦がよく知られている。英独軍が西部戦線でにらみ合っていた一九一四年のクリスマス・イヴにそれは起きた。ドイツ軍の塹壕に沿ってクリスマスツリーが現れ、ノーマンズ・ランドに入ってきた両軍の兵士は、プレゼントを交換し合い、サッカーを楽しみ、クリスマス・ソングを歌った。一九一六年には東部戦線にも広まり、復活祭にも適用され、戦死した兵士を埋葬する間は一週間にも及ぶ休戦が見られた。指導部による戦闘再開の命令が下るまで続くこともあったのだ。第二次大戦の初期でも、ローマ教会はイタリアの参戦を阻止しようと努力し、教皇はルーズベルトとも連絡をとっていた。ピウス一二世はミュンヘンの大司教に手紙（一九三九年一一月二五日）を送り「神の平和」と「神の休戦」を提言したがかなわず、翌年ムッソリーニが連合国に戦争布告するに至った。ヴァティカン自体は、一九二九年のラテラノ条約以来、主権国家として「永世中立国」の立場を貫き、一七四の独立国家をはじめ国際連合とマルタ騎士団の特命全権大使を受け入れるなど外交関係を結び、国連のオブザーヴァーとして世界中の諸問題に対して「カトリック教会」の見解を述べ続けている。一九六〇年代の第二ヴァティカン公会議以来、歴史上に現れたカトリック教会のおかした誤りを認めつつ、それでも「キリスト教」の価値観が、長い間には酵母のように作用して、人格の普遍的尊厳の確信を世界にもたらしたと自認し、使命感を持ち続けている。敵味方が「合意」によって「休戦」したり「被害を低減」したりするという形の「国際合意」は、このような西欧キリスト教型「平和主義」をルーツとしているのである。

†絶対平和主義の宗教

もちろん、ヨーロッパの国家の一つとして権力争いのただなかで身を処してきたカトリック教会とは別に、宗教改革の時代には無抵抗に殺されたイエスに倣うキリスト教の平和主義を純粋に希求する「絶対平和主義」の宗派も生まれた。再洗礼派を起源とするアーミッシュ、メノナイト・ブレザレン教会やクェーカー教などが今も有名だ。彼らは「兵役免除」の特典が得られない地を捨てて、「新大陸」アメリカへと移住した。新大陸に入植すれば「開拓」によって、棲み分けが可能な理想郷を築くことができたからだ。ペンシルバニア州のクェーカー教徒や、ユタ州のモルモン教徒はよく知られている。アメリカで生まれた終末論型プロテスタントの中にも、格闘技の禁止にまで至る徹底した絶対非暴力を唱えるエホバの証人などの宗派があり、近代戦争における「良心的兵役拒否」の制度を少しずつ確立していった。

そうでない宗派は、自分たちの文脈に合った「正義の戦争」に同調した。第二次大戦時にプロテスタントが連合した日本基督教団が、「あらゆる平和的手段に出でたるにもかかわらず」防げなかった「敵性国家群」の傲慢と差別などの不正義に対しての「自存自衛戦争」を高らかに支持したことはよく知られている（彼らは一九六七年にそのことについて自己批判している）。また、敵性国たる英米と親和性の高いプロテスタント諸派と違って同盟国であるイタリアと関係の深い日本のカトリック教会は、圧力が少ない分、ヴァティカンに倣った中立の立場を保ちやすかった。これに対して「絶対平和主義」の宗派の兵役拒否者たちが「非国民」として迫害を受けたのは必然の成り行きだった。

もっとも、「絶対平和主義」は、近代プロテスタントだけの特徴ではない。ローマ帝国が最初にキリスト教を公認した頃には、すべての「肉体の無用な酷使」や戦いが悪とされて、オリンピアード競技までが禁止された時代もあった。

†従軍司祭について

さて、このような「戦争」と「宗教」の関係が別の形で露になるのが、国際戦争における「従軍聖職者」の存在である。

遠征するタイプの戦争に付随する戦死者の弔い儀礼の必要性がその起源であったから、聖職者は基本的に非戦闘員だった。

宗教戦争のヨーロッパで、新しい役割を担う従軍司祭が登場した。

ヨーロッパの至るところで権力者がカトリックとプロテスタントに分かれて戦った宗教戦争の時代は、また、傭兵を中心とする末端の兵士たちが町や村を略奪して暴挙の限りを尽くした時代でもある。土地に根差した共同体の秩序維持という縛りのない戦地においては、宗教の縛りもなかった。カトリック王のフランソワ一世は、自軍の傭兵について、婦女子を拉致凌辱し神を冒瀆して悪徳を尽くす輩で、トルコ人やプロテスタントよりもひどいと評した。カトリック軍もプロテスタント軍も、教会で冒聖と破壊と強奪を繰り返した。「異端との戦いに人間の屑を動員しているようなものだ。彼らは無神論者で冒聖者で百回の絞首刑に値する。かような輩に神が勝利をもたらすなどとは信じがたい」と書き残した神父もいた。フランス王は教会での狼藉を禁じる通達を何度も出したが無駄だった。

ドイツはもっとひどかった。傭兵の中には、もともと社会から落ちこぼれていた者、犯罪者、山賊、詐欺師、サディストなどが多く、軍隊は移動監獄、移動収容所の観を呈したのである。犯罪者や障害者の隔離システムが確立されていない時代の現象だったのだ。解散させるとさらに秩序が乱されることを恐れて、軍は恒常的なものとして維持されて、生かさず殺さずの給金が支給されていた。

これらの不信心者たちの集団を改心させて神のもとに導く試みが、新しいタイプの「従軍司祭」システムだったわけである。フランスではアンリ二世が、二度、一連隊につき一人の従軍司祭の派遣を指示した。スペインでもこのシステムが導入され、やがてそれは、固定した地理的教区を持たない「戦地」という移動教区の司教に属する司祭という身分でローマ教会の中央集権システムに組み込まれていくことになる。最初の従軍司祭とは、戦地においても敬虔な兵士たちが典礼にあずかれるためのものでもなく、戦勝を祈って味方の士気を高めるためのものでもなかったということだ。

その後、軍隊が法や国際条約などの原則や規律に縛られ、「自覚ある市民」からなる兵士で構成されることになって、「暴虐」の度合いは減り、隠匿されたり、別の正当化がなされたりするようになった。そのような近代戦争における従軍聖職者（プロテスタントでは従軍牧師となる）の役割には、兵士や軍備を祝福して神に戦勝祈願するという新しい役割が期待されるようになった。

第二次世界大戦において「人類に対する罪」として世界中に衝撃を与えた広島、長崎への原爆投下の折に従軍聖職者が果たした役割がもたらした混乱は大きかった。広島への原爆投下前にはプロテスタントの従軍牧師（ウィリアム・ダウニー）が、日本で最もカトリック人口が多い長崎への原爆投下前にはカトリックの従軍司祭（ジョージ・ザベルカ）が関わり、聖職者は、兵士たちに神の祝福を与え、励ましたとされている。その時のキリスト教聖職者たちの良心を支えていていたのは、「正義の戦争」の許容だった。神が爆撃機の飛行を護衛し、敵に一撃を与えることで戦争が終結し、地上に平和が戻ることを彼らは祈ったのである。

もっとも、彼らはいずれも、原爆の破壊力を知った後で、祝福を後悔し、核兵器全廃の絶対平和主義に身を転じた。カトリック信徒の半数が死んだ長崎の事実を前にしたザベルカ神父などは、千七百年間にわたる教会の戦争正当化は間違っていた、イエスの教えと戦争は正反対だ、戦闘機の祝福はイエスへの裏切りだったと言って平和運動に挺身した。

ザベルカ神父は「自分は洗脳されていた」とまで述べたが、二〇世紀終わり以来、新千年紀に向けて「謝罪モード」に入ったカトリック教会はこれについて弁解しようとしなかった。カトリック神父であり、国連総会議長のミゲル・デスコト・ブロックマンが、二〇〇九年の原爆の日にこの従軍聖職者たちの祝福について謝罪し、カトリック教会の名において犠牲者に赦しを求めたことは記憶に新しい。

†戦場の聖職者たち

とはいっても、国家や個人が自分たちの都合によって宗教や神を利用することは今も続いている。原爆を投下したエノラ・ゲイ号の機長ポール・ティベッツは熱心なカトリックであり続けながら謝罪しなかったし、アメリカの従軍聖職者たちはベトナム戦争空爆においても変わらず戦闘機に神の祝福を授け、南ベトナムのカトリック教会を守るために北ベトナムへの原爆投下を考えるカトリックの動きもあった。

旧日本軍にも軍属としての従軍僧侶は存在していたが、多くの僧侶や神官は、徴兵により軍人となり、東京裁判での戦犯となる者もいた。現在の自衛隊には宗教活動の専任職はない。

カトリック文化国であり「政教分離」の進んでいるフランスではどうだろう。特定宗教に給料を支払ってはならないはずのフランスだが、「従軍司祭」はその例外の一つだ。信教の自由を保障するライシテは、病気や刑務所や軍隊や学業にあって地域の宗教行事に参加することができない人のために常駐の宗教者を雇うことを許可している。

従軍司祭の他に、国立のリセや大学や病院にはカトリック司祭が常駐する。カトリック信者の絶対数が多いからで、他の宗教の聖職者にはボランティアが求められる。どんな軍艦にも常駐の司祭がいるし、一九八六年以降は、従軍司祭の移動司教区を束ねる司教職がヨハネ＝パウロ二世によって創設された。現在の司教は、軍人の祖父と父をもつリュック・ラヴェル司教だ。ポリテクニックというフランス最高のエリート校、石油工学、哲学、神学の免状を有するこの秀才は、聖アウグスティヌス会に所属しているが、従軍司教職に任命されて清貧と従順の誓願を一時解かれている。アフガニスタン、レバノン、レユニオン、チャド、コートジボワール、ガボンと、フランス軍のいるところに飛び回るラヴェル司教の役割は、兵士たちを精神的に支えることが第一だとされている。徴兵制から志願兵制に移行したフランスでは、イスラム系移民の二世三世の兵士も少なくない。二〇〇五年以降、軍隊の従軍司祭はいわゆる「カトリック」の典礼とは別に、プロテスタント、ユダヤ教、ムスリムと共に分かち合う「民衆キリスト教」を実行している。

若い兵士たちは、出身地や家族の宗教にかかわらず、普段の生活では、宗教と縁なく暮らしていることがほとんどだ。しかし、戦場という特殊な状況下では、誰もがすがるものを求めるし、不合理な心情を共有する。危険と隣り合わせたそのような場所でこそ、人は、精神的な指針を求めるし、恐怖と闘い、良心の痛みと折り合いをつけたり、過剰な攻撃性にブレーキをかけたりする必要も出てくるのだ。そのような兵士たちをまとめる司教職に、生涯独身で専任の、最高のエリートであるラヴェル師を配することができるだけ、フランスのカトリックの懐はまだ深いということだろう。かれは士官として月二九〇〇ユーロを支給されている。彼には固有の教会も住居もない。しかし、慣例としての、典礼の前の大統領への賛辞も与えない。政治と宗教と軍事が均衡を保つことで防がれる暴走もある。

日本には、国家神道による全体主義に走った旧日本軍の歴史がある。その後でラディカルに宗教を廃したために、今の自衛隊をめぐる世論には、政治や宗教やイデオロギーの偏りが出やすくなっているし、それに対する正当な議論もなされにくい。しかし、日本は、その種の議論の百戦錬磨を経てしたたかなキリスト教国が君臨する国際社会や平和条約や戦時国際法の世界で生きていかなければならないし、軍事的な脅威は、そのような「国際社会」の文法を駆使しない東アジアの国々との間に生まれる。そこで渡りあったり非軍事的解決法を見つけたりするためには、「従軍司祭」や「神の平和」の歴史と変遷を解読することによってこれからの国際社会の流れを読むことがますます必要になるだろう。

あとがき

二〇一一年は中東の「ジャスミン革命」で幕を開けた。

二一世紀に入って最初の一〇年は、イスラム教文化圏とキリスト教文化圏が常に争っているような世界で、中国やインドのような「非一神教文化圏」の大国が経済競争力を拡大する一方で、先進国では新自由主義経済が肥大した末に破綻し始めるという、不安な情勢が続いていた。アメリカは「中東の民主化」を進めると言ってイラクに侵攻したが、ドミノ倒しの民主化が波及するどころか、独裁政権が保証していた信教の自由は失われ、宗教的不寛容が広がり、イラクもアメリカも社会不安の泥沼の中でもがくこととなった。

そんな折、携帯端末を手にしたイスラム国の若者たちが、町に出て、自由と民主主義を求めて、長く続いていた独裁政権を次々と追放していったのを目にして、私たちは、もはや先進国による欲望充足の口実と化していたのではないかと疑っていた「西洋近代理念」

について再考を促されることになった。

「西洋近代理念」とは、実際に、「文明の衝突」を超える普遍的な訴求力を持っていたのだろうか、それはまだ有効だったのだろうか。

第二次大戦の敗戦後、占領軍のもたらした「民主主義」に過剰適応して経済発展を遂げてきた日本では、それが二一世紀の今でも基本的人権の擁護や自由の指標として機能しているのだろうか。それとも、それは冷戦時代に「親米」のお題目として掲げられていた後で、すでに国民の連帯にさえ役立たないただの「言葉」になっていたのだろうか。それは、「非民主的」で危険な、あるいは不都合な国々を牽制し差別するだけの言葉ではなかっただろうか。

確かに、日本の近くにも、近代国際社会の合意から逸脱する「非民主的」な国は存在する。しかし、一つの地球の上で、ある時代のある国の「異常行動」は、その国や民族と、周囲の国という環境との相互作用のパターンの一定の組み合わせが多かれ少なかれ特異となって現れたものである。「非‐民主主義」も宗教原理主義も全体主義もテロリズムも、ある特定のグループの「内側」で起こっているのではなく、環境との間に起こっている何かなのだ。社会の病理は、内的な閉鎖系の出来事ではなく、経済や政治のパワーゲームによる圧力などという外の環境と連動している。

日本という国が、独自の伝統を養いつつ、明治維新で素早く「文明開化」したり、敗戦後に素早く民主主義国家になったり、グローバル化した世界で規制緩和しながら生きのびたりしているのは、もともと内部での同調圧力に屈しやすく、外部から恣意的に与えられた一連の国際規範や慣習に抵抗せず順応できる国だからなのだろうか。

けれども、人が成長時の危機を乗り越えて社会に順応していくように、順応はしばしば、停止、惰性、慣性へと陥っているのではないだろうか。「非民主的」な国々が異常で、日本が「正常」だと思えるのは本当だろうか。

一方、西洋近代スタンダードの「正常」概念を築いてきた欧米諸国、とくに、近代の「新天地」を求めることができずに、旧勢力や前近代体制と何度も衝突したり折り合ったりし続けてきたヨーロッパ諸国の方にとっては、「近代理念」とは、「受容」して「順応」し、「停止」や「惰性」に至れるような着地点ではない。それは、たえず「自己定義の統合」に向かって前進し続けることを課された「運動」なのである。

西洋先進諸国が、その理念を正当化や口実に使ったり、有名無実化したりすることがあっても、彼らがそれを作ってきた歴史における「非キリスト教化」に費やした経験的な実際知は、常に内部の自浄作用として働く。停止の状態からすり抜けて、「普遍的公正」に向かう回路へ引き戻そうとする力がいつも存在するのである。この時の彼らの強みは、彼らが自分たちのつくった「近代西洋」の諸概念の、強みも、弱みも、リスクも、コストも、すべて知り尽くしていることにほかならない。彼らは、その諸概念が目指す理想や倫理的価値も理解し、それがどう逸脱し、偶像化するのかも、互いの抗争の歴史を通して学んでいる。

自分たちの作り上げた普遍的規範の判定基準を熟知しているから、それを意識的に更新したり活性化したりしようと決断した時は、それが他者から「無効化」されることを回避する術を持っているのである。

言い換えると、普遍的な近代理念をただ受容して順応して停止しているような国は、その理念を有効なツールとして使いこなすこともできないし、みずからを統合する運動の契機とすることもできないし、運悪くそれを逸脱して「国際社会」から弾劾された時にそれを有効に回避する術も持たないのである。

非キリスト教文化圏の国にとって、近代の諸概念の由来や判定基準や、本音と建前の乖離や、カトリック型とプロテスタント型のニュアンスの差などを研究するのは、それらを生きたツールとして使いこなすため、普遍的な連帯に向かって前進するために必要不可欠なことだ。近代西洋の普遍概念とは、キリスト教の中で生まれ、宗教戦争で血を流し、キリスト教否定の中で育ち、政教分離の中で磨かれ、帝国主義の中で無化され、世界戦争の後で復活し、外交戦争の中で先鋭化し、通信革命の中で脱皮する、生き物なのである。

けれども、近代という概念や進歩主義自体が、「西洋キリスト教」由来の特異なバイアスがかかったものならば、実は異論なく世界スタンダードになれるような普遍的なものではない特殊なものではないか、という疑問が生まれるかもしれない。

そもそも人が「自己定義の統合」に向かって前進し続けるという「進歩主義」そのものが、線的歴史観を持つ一神教世界における「思い込み」なのではないか。

確かに、「進歩」が確実に存在するには、「より多くの人が、心身に暴力や拘束を受けることなく、安全に「天寿」を全うすることが普遍的な「善」である」という前提の合意が必要だ。それは、実存的な生身の人間にとって、共有しやすい前提である。

抽象的な自由、平等、友愛などの理念だとか、制度でしかない民主主義だとか、さまざまな技術や計量経済のベースを作る合理主義だとかだけを見ると、「進歩」の持つ普遍性がよくわからないかもしれない。

医学の歴史を例にとって、比較してみればわかりやすいかもしれない。

医学とはいわゆる精密科学ではない。厖大な仮説と検証、試行錯誤、体験の伝承、期待と絶望が渦巻き、大海に浮ぶ小舟のように、たまに人を救いあげる奇跡や療法や療法士が出てきては沈んでいく。

さまざまな国で、さまざまな医療が発展した。地球のさまざまな場所には日照や温度や湿度も異なるさまざまな気候があり、病の原因となり薬ともなる微生物や昆虫や動植物や水の種類も条件も異なる。それぞれの場所で適応してきた人間は、体質も体格も遺伝子もばらばらだ。それぞれの集団がそれぞれのサバイバルを目指して、ノウハウを蓄積してきた。しかし、どの人間にも、最終的な老いや病や死というハードルは越えられないので、人は、神や仏や聖霊を喚起し、供物をささげたり祈禱したりして、非合理的、呪術的な体系を打ち立ててきた。

けれども、たまに、観察や実験や体験を通して、医術にはブレイクスルーが起こり、「万人に効く特効薬」が生まれることもあった。人種が違い体質や遺伝子が違っても、人間の代謝機能や生存の条件は共通しているので、それらの「特効薬」は、すばやく共有されていく。ルーツも違えば、死生観も違う。至るところで、互いに影響され合いながら、サバイバルや痛みの軽減、機能の回復などという同じ目的に向けて、「医療」の成果は拡大していったのだ。どんな療法であろうと、ある症状に対して有意に有効でさえあれば、そのコンテンツは国境も文化圏も超えて拡散していく。

ある「療法」が、特定の療法士や特定の文化内でだけ通用するものでなく、人と場所をかえてもある「症状」に有意に効くことが確認された時、その療法は「医学」となる。その基準は「普遍性」だ。もちろん、効かない人もいるが、「医学」そのものの普遍的な「進歩」は確実にある。

普遍的でない療法はたくさんある。「奇跡の薬」「奇跡の療法」から、まさに「ゴッド・ハンド=神の手」と呼ばれる名医やカリスマ療法士、祈禱師から呪術師まで、ありとあらゆるヴァージョンがあるが、それらはすべて一般化できない「特殊例」であって、普遍性がないどころか、「錯覚」や「偽物」である場合もある。これらに賭けてみるのは、軍事的な危機において「神風」が吹くと信じるようなレベルのものだ。

これに対して、「普遍」は存在し、「普遍」だけが全体の「善」を拡大する。

普遍性についてもう少し考えるために、今度は物理学における普遍性の例を挙げてみよう。

科学の実験において、理論的、数値実験的に研究されて立てられた仮説について、現実に、厳密に純粋な条件を整えるのは難しい。たとえば、「一次元量子スピン系」などは現実に存在せず、実験に使用するのは三次元の固まりの中で一方向性が強い偽一次元系の物質でしかなく、しかも、何種類もの原子や不純物が複雑に絡み合っている。それでも、適切な実験、適切な測定を行えば、「理論」通りの結果が可視化される。全体を見た時に、ミクロのレベルでの無数のノイズは影をひそめるのだ。言い換えると、マクロの振る舞いの本質的な部分は、ミクロの部分の詳細に依存しないということである。

この事実がなければ、医学の世界におけるエビデンス性の実験など成り立たない。「普遍性」がなければ、科学の存在基盤も、倫理学における価値観も、宗教における「神の国」の建設も、不可能なのだ。

もう一度、医学に置き換えて考えてみよう。

人間についての「普遍性」に対しての合意があるからこそ、ありとあらゆる個体差や環境の差を超えて、医学は発展した。結果的に、乳児死亡率や産褥死は激減し、平均寿命は延び、天然痘などの特定疾患が消滅したり、癌患者の延命率があがったり、再発率が減ったり、病人や老人の「生活の質」が上がったりする。

もし、特定の個人だけに焦点を当てれば、生死のすべては運不運であるし、社会的な理由で医学の恩恵を受けられなかったり、難病に罹ったり、天災や事故や戦争や犯罪で命を絶たれたりするし、最終的にいつかは何らかの形で人生を終えることには変わりがない。

けれども、なおかつ、「全体」が「進歩」するためには、「人はいつかは死ぬが、死は生のサイクルの内にあり、そのサイクルを安全に快適に全うさせたい」という共通認識が必要となる。その中でだけ、特定の個人も、「運」が良ければ、「進歩」の恩恵を受けるのだ。「進歩」とは、その「幸運」の拡張でもある。

ある特定の地域にしか生息しない植物がある病の特効薬となり、やがて成分が抽出されて、化学的な合成が可能となり、大量生産されて「民主的な薬」となる時、人は、その薬の起源など気にかけない。なかには特異体質のために副作用で命を落とす人があろうと、「普遍的」な特効薬や成分は、必ず「全体」に貢献する。

人間社会の進歩も、この普遍性の中にある。

近代理念である「民主主義」や「自由」や「政教分離」などの概念が、ヨーロッパという特殊社会におけるキリスト教と世俗の権力とのぶつかり合いとすり合わせによる歴史の中で時間をかけて成立したものであっても、そこから抽出されたものが普遍性さえ持っていれば、民族や文化や人種や宗教などの差はミクロなノイズとして処理できる。

「西洋」近代医学が、インドや地中海やケルトなどさまざまな医療の伝統を組み合わせ、掛け合わせて、「普遍性」を獲得して生き残ったものであれば、それは非西洋人にも適用できるし、補完医療を使おうと、自分の体質や家系に合わせて工夫を加えようと、かまわない。「生のサイクルをできるだけ快適にまっとうさせたい」という「目標」に適ったものであるならば、それは「普遍性」と両立するのである。

私たちは病気を治し、飢えと渇きを癒し、怪我を治療したいと思う時に、薬や治療法の「国籍」は問題にしない。個人のレベルでは、神仏に祈ろうと、エビデンスのない代替療法に走ろうと、その結果、奇跡的に治っても、悪化して命を失っても、「全体」の「進歩」に結びつく普遍性は持ち得ない。私たちのするべき最善のことは、今の時点でエビデンスがあるとされていることを、じっくり検討して、そのリスクとコストを自覚し、自分のミクロな特性との適合性を見極め、最終的に、生のサイクルにおける「生活の質」を最大限に引き上げる充実を図ることである。

私たちは、通信革命や交通手段の発展、世界市場の広がりなどによって生きることになった「国際社会」の中で、西洋近代のスタンダードを、自明のことのように受け入れてきた。その西洋近代の根本概念について、エビデンスを検討し、「普遍」と「進歩」を視野に入れながら、個としての不全感を超えて、小さな弱者たちからなる大きな全体に貢献することはできるだろうか。この本が少しでもそのきっかけになればと切に願う。

主要参考文献

Bruno Tertrais "*L'Apocalypse n'est pas pour demain*" Denoël.

Georges Minois "*Histoire de l'athéisme*" Fayard.

Mahomet "*Charte de Médine*"

Mark Lilla "*Le Dieu mort-né: La religion, la politique et l'Occident moderne*" Seuil.

Nicolas Grimaldi "*L'inhumain*" Presses Universitaires de France.

Olivier Roy "*La laïcité face à l'islam*" Hachette Littératures.

Pascal Boniface "*Les intellectuels Faussaires: Le triomphe médiatique des experts en mensonge*". Jean-Claude Gawsewitch.

Pierre-Emmanuel Dauzat "*Le nihilisme chrétien*" Presses Universitaires de France.

Regis Debray "*Ce que nous voile le voile: La République et le sacré*" Folio. Gallimard

Regis Debray "*L'obscénite démocratique*" Flammarion.

Regis Debray "*Un mythe contemporain: le dialogue des civilisations*" CNRS.

Sextus Empiricus "*Hypotyposes pyrrhoniennes*" Aubier Montaigne.

Yves Roucaute "*La puissance d'humanité: Du néolithique aux temps contemporains ou le génie du christianisme*" François-Xavier de Guibert.

http: //www.constitution. org/cons/medina/macharter.htm

http: //remacle.org/bloodwolf/philosophies/empiricus/pyrrhongr.htm

ちくま新書
956

キリスト教《きょう》の真実《しんじつ》
——西洋近代《せいようきんだい》をもたらした宗教思想《しゅうきょうしそう》

二〇一二年四月一〇日　第一刷発行
二〇一二年七月二〇日　第四刷発行

著者　竹下節子（たけした・せつこ）
発行者　熊沢敏之
発行所　株式会社 筑摩書房
東京都台東区蔵前二-五-三　郵便番号一一一-八七五五
振替〇〇一六〇-八-四一二三
装幀者　間村俊一
印刷・製本　株式会社 精興社

乱丁・落丁本の場合は、左記宛にご送付下さい。
送料小社負担でお取り替えいたします。
ご注文・お問い合わせも左記へお願いいたします。
〒三三一-八五〇七　さいたま市北区櫛引町二-六〇四
筑摩書房サービスセンター　電話〇四八-六五一-〇〇五三

ISBN978-4-480-06659-6 C0216

ちくま新書

783 **日々是修行**
——現代人のための仏教一〇〇話
佐々木閑
仏教の本質とは生き方を変えることだ。日々のいとなみの中で智慧の力を磨けば、人は苦しみから自由になれる。科学の時代に光を放つ初期仏教の合理的な考え方とは。

814 **完全教祖マニュアル**
架神恭介
辰巳一世
キリスト教、イスラム、仏教などの伝統宗教から現代日本の新興宗教まで古今東西の宗教を徹底的に分析。教義や組織の作り方、奇跡の起こし方などすべてがわかる！

886 **親鸞**
阿満利麿
親鸞が求め、手にした「信心」とはいかなるものか。時代の大転換期において、人間の真のあり様を見据え、新しい救済の物語を創出したこの人の思索の核心を示す。

916 **葬儀と日本人**
——位牌の比較宗教史
菊地章太
葬儀の原型は古代中国でつくられた。以来二千数百年、儒教・道教・仏教が混淆し、「先祖を祀る」という感情に収斂していく。位牌と葬儀の歴史を辿り、死生観を考える。

918 **法然入門**
阿満利麿
私に誤りはなく、私の価値観は絶対だ——愚かな人間のための唯一の仏教とは。なぜ念仏一行なのか。日本史上最大の衝撃を宗教界にもたらした革命的思想を読みとく。

382 **戦争倫理学**
加藤尚武
戦争をするのは人間の本能なのか？　絶対反対を唱えれば何とかなるのか？　報復戦争、憲法九条、カントなどを取り上げ重要論点を総整理。戦争抑止への道を探る！

432 **「不自由」論**
——「何でも自己決定」の限界
仲正昌樹
「人間は自由だ」という考えが暴走したとき、ナチズムやマイノリティ問題が生まれる——。逆説に満ちたこの問題を解きほぐし、21世紀のあるべき倫理を探究する。